花
千
樹

PR WARRIOR

利嘉敏　著

目錄

自序

　　這幾年，經常遇到年輕朋友問：「今時今日，學公關還有什麼意義？」從他們的問題，我聽得出一份迷惘，亦明白他們的問題是基於一些對身處的現世代的觀察。的而且確，全球已進入新時代、新規則、新玩法，有些顛覆我們想像，有些殺我們一個措手不及，更有數之不盡的「咁都得？」、「唔係嘛？」、「使唔使呀？」的畫面。一些以往正常不過的做法、說法或字眼，放在現世代的時空，可能即被解讀為非比尋常，而這個（被）解讀的情況，不無後果，可能惹人罵、被圍剿，甚至連生存也變得危危乎。身處這麼一個殺氣騰騰的時代，「我們可以如何自處？」、「我們可以如何擋煞？」，又或「我們如何活得有意義？」這些問題，相信不單是公關人，每個人都需要思考和探索。

　　我在上一本書《公關智商》中提到，現世代是「變種危機」的年代，由《公關智商》出版到現時的《逆戰公關》這短短三年間，危機變種的形式、形態、形狀、速度和擴散範圍，是傳統公關的思維方式已不足以理解、預計或駕馭。一場新冠肺炎突襲全球，我們突然要

面對的，是近百年來死得最多人的病毒，多個國家和城市要封鎖，經濟停頓，生活無法如常，連奧運都要改期，那種危機嚴重性、突襲性和擾亂性的程度、範圍和殺傷力，均是史無前例。在這嚴峻的國際公共健康危機當下，公關要面對的，是集不安、惶恐、浮躁於一身的公眾，稍為諗少咗、做慢咗、講多咗，都是火上加油，簡直是一步一驚心。

又或看看品牌的情況：以往遊戲規則是，只要不作邪惡事、離譜事、犯法事，大概也不會招惹關公突訪。換句話說，以前的規則相對簡單：有做壞事→公關災難；無做壞事→平平安安，很直接的因果關係。但今時今日，規則已變，要平安談何容易？現在品牌毋須有做壞事的意圖和舉動，都可以中伏或中招，例如：女歌星穿了一件刺激了某地觀眾神經的品牌服裝而遭狠罵和杯葛；一個員工、高層或董事會成員的個人言行，令公眾反感，結果連累整個品牌；或供應商的商業／經營／管理行為令人存疑，矛頭卻算到品牌頭上去，而無論決定繼續用或停用都可能令品牌陷入難堪局面。以上情景，

都是以前無法想像的。明明只是在尋常過日子，竟也可以無端惹上禍。這就是現時的光景——躺著也中槍，呼吸也有風險。

然而，上述例子只是冰山一角，我們正面對的，是正常變異常、異常可能成恆常的新世界，昔日有圖有真相，如今 deepfake（利用科技作深度仿冒）處處，現在何止有圖都未必有真相，還真可「假的真得了」；舊時「做衰嘢」才是罪，現在表錯態，甚至不表態，也可遭殃；以往稀鬆平常的字眼，現今也可成 taboo（禁忌）敏感詞。

舉個很簡單的例子，護膚品含有「美白」功效作賣點，驟耳聽落，正常不過，但自從 2020 年美國 Black Lives Matter（BLM）運動再度興起後，反種族歧視風潮持續，以往「whitening」或「美白」是正常到我們聽了幾近麻木的字眼，現時竟變成敏感詞，因有人控訴，那是歧視膚色不白的人。於是美膚產品企業如聯合利華（Unilever）旗下品牌 Fair & Lovely 被指助長渲染與深色

膚色有關的負面刻板印象而遭到抨擊，歐萊雅（L'Oreal）宣布不再於旗下護膚產品使用「美白」（white）、「白皙」（fair）和「亮白」（light）的字眼，強生（Johnson & Johnson）在亞洲和中東地區停售一些本來以淡斑為賣點，卻被部分消費者用來當美白產品使用的貨品，如可伶可俐（Clean & Clear）和露得清（Neutrogena）的護膚美白霜。這就是我們身處的世代，「亮白」可冒犯人，顏色也是罪。我們不知道，日後會否連講句「好靚」都會令周邊人感不悅，但身在變種的時空，公關要有這個準備。

這是一個隨時會有人郁啲就被炳著的時代，公關身處在周圍似放滿燃油炸藥的 wartime（像戰爭一樣的時期）場境，風和日麗的日子越來越少，失驚無神被召去打仗的時候越來越多。在這 the age of wisdom（智慧的歲月）、age of foolishness（愚昧的歲月）、epoch of belief（信任的紀元）、epoch of incredulity（懷疑的紀元）的時空，現時公關面對的，場場都是逆戰，該如何應對？意義又何在？這是值得深思的問題。

用以往 peacetime（太平時期）的思維和策略去應付打仗場合，已不合時宜。以往公關教科書教的那套，若一味死跟，只會死得更快。例如 speed（快速做反應）這個姿態和處事方式，現時是否所有公關局面都適合？

　　當然，在需要風險管理和責無旁貸的情況下，是需要 proactive（主動）去處理的，現時民眾很多的憤怒，就是因為眼見太多「應做唔做、做時慢九拍」的態度，這些情景落得被人鬧爆的收場，可謂自己攞嚟。但值得再三思考的是，今時今日，不用腦地凡事九秒九跑出來擺個熱情主動款，又是否上乘公關？看看那些極速衝出來急於在一些事情上表態的人物，想討的好沒有發生過，最終落得兩面不是人、高不成低不就的結局，那是一個很好的提醒，在未摸清波譎雲詭的底蘊時，行得快只會死得快。

　　又或是 stakeholder management（持份者管理）的理論，書本是簡單化了現時的實況，例如管理 consumer stakeholders（消費者持份者）的時候，只考究他們的

10

pain points（痛點）、push and pull factors（推與拉因素）之類是否就足以應付現時的複雜局勢？學術人實在太學術了。現時最令國際品牌感頭痛和懊惱的，就是他們發現以前理所當然的一些基本原則，例如普世價值，原來未必每個市場都有，那當有一件事需要向兩個價值觀和世界觀大不同、對何謂 3C——conscience（良心）、character（個性）、connection（連繫）——有不同解讀和要求的市場同時處理或交代時，應當如何？這些兩難和弔詭，只出現於 wartime 現世代，停留在 peacetime 的人，難以應付。

《逆戰公關》就是跟讀者探索和反思公關在 wartime 世代應如何拆局。

我把此書的英文名字作意譯，名 PR Warrior。既然是「wartime」，當然就要「warrior」，但在這處處神經過敏、伏位連連、你在明人在暗的世代，warrior 又是否一定要擺出一副戰鬥格呢？真正的 warrior，用腦不用拳，打仗毋須打仗格，越兇險，越要靈巧和靈活，這就是 PR

Warrior 需要的精神、狀態和樣式。若你問我:「今時今日,學公關還有什麼意義?」我會答你:越難打嘅仗,正如越爛嘅牌一樣,越要畀心機打。此時此刻,公關需要在崗位上守住專業、守住優雅、守住美好,學公關,意義就在此。

利嘉敏
2021 年 6 月

人品好，公關自然好；
人品唔好，公關都幫你唔到。

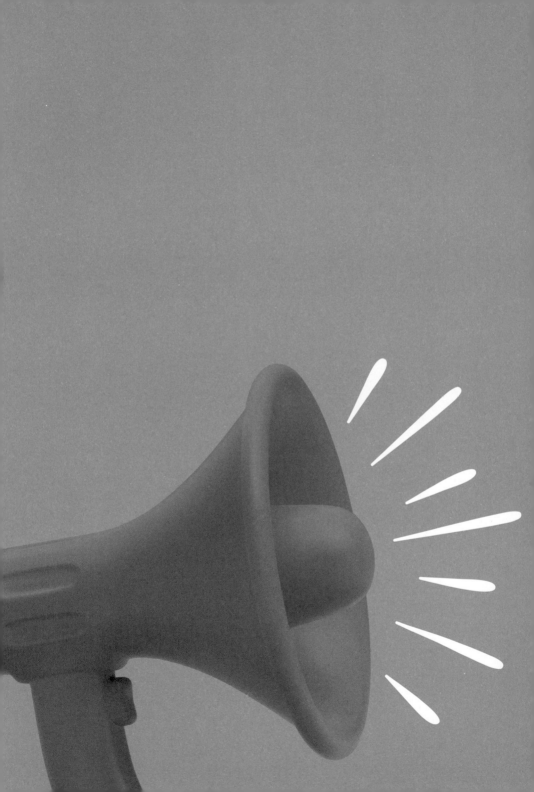

第一章

風險管理步驟

標準的風險管理包括六大步驟：detection（查測）、preparation（措施準備）、containment（遏制擴散）、eradication（消滅源頭）、recovery（復原）和 lessons learned（檢討和汲取教訓）。

除了處理「事」，亦要處理「人」，兩者必須同步處理。只要令人順返條氣，就是危機的轉機。

疫情下的公關智慧

　　一場襲全球的新冠肺炎，把所有地方的領袖像給照妖鏡照到無所遁形。這是一場前所未有、來勢洶洶的公共健康危機（public health crisis）。但凡牽涉健康、安危和性命的場景，公眾必定予以最高度的密切關注，皆因人命和民生攸關，所以在任何一個地方，市民對其政府如何處理新冠肺炎，再沒有隻眼開隻眼閉之包容和妥協。平時風和日麗看不見真章，一個政府的危機應變和處理能力，只能在嚴峻的時刻才會表露無遺，任憑領袖們平時如何自命精英，到要真打仗的時候，備戰不作，兵器不曉，部署不會，變陣不懂，弄得民間怨氣沖天、叫苦連天的話，那麼，一場原本是公共健康危機，就會演變為一個對政府的信心危機（public trust crisis）。

從「事情」到「感情」

　　公共健康危機本身是「事情」，但去到信心危機就

涉及「感情」；人是很有趣的動物，某種負面感情一旦產生，如反感、不信任、喪失信心等，就很難逆轉。世間一切事，「事情」永遠不是最難拆，「感情」才是最棘手之處，有些感情，如愛、支持、信任或信心等，迫不得來，威迫利誘、橫蠻夾硬，極其量只能迫出人家一個假情假義或是但求其愛，但事實上，你知我知大家都知，逝去感情如何留得住？一個地方，若公眾對其政府喪失信任，那是一個可一觸即發的城市危機，從公關角度去看，一個地方處理新冠肺炎首先就要目標明確——不能把公共健康危機演變或擴大成公眾的信心危機。

在嚴峻的疫情底下，公眾對政府的信心無非來自兩項觀察：

（1）　政府有否能力去控制和處理疫情？

（2）　政府有否把保護市民的健康和福祉放在第一位？

以上這兩點，是任何一個地方遇上公共健康危機時，公眾對其政府必然的期望和要求。第一條問題（政府有否能力去控制和處理疫情？）在公眾心目中顯露出領袖當中誰個無能無智，第二個問題（政府有否把保護市民的健康和福祉放在第一位？）則讓公眾看到誰個無情無義。前者反映領袖能力，後者反映領袖心腸，兩者皆不是領袖拍手掌自話自說，而是市民怎樣說。當市民覺得其領袖能力和心腸都欠缺的話，就是一個地方面臨信心危機之始。

化危為機的契機

當然，凡事有危亦有機，若一個地方，其領袖能在疫情上顯露出當機立斷之決心，和凡事以保護自己市民的健康和福祉為首的用心，那就是最上乘的化腐朽為神奇、化危為機的契機。

所謂領袖公關，無非就是領袖令公眾覺得他／她／他們做好了對得住自己地方之領袖角色。反之，領袖不

達標而期望斥巨資請公關就能幫自己粉飾錯失，是誤會
了公關的工作、侮辱了公眾的智慧，更是想愴了自己的
心。

處理公共健康危機
的兩大方向

因為全球被新冠肺炎籠罩,公共健康危機處理變成非常重要的課題。沒有一個地方遇過這麼嚴峻的疫症,但沒有經驗、沒處理過不是處理不達標的藉口。有些地方的政府處理得比較好,有些則徹底暴露官員的離地低智,兩者都具參考價值,前者是可做 benchmarking(基準)的範例,後者是反面教材。

兩大方向,缺一不可

處理嚴峻的公共健康危機,有兩大方向,缺一不可:

(1) 風險管理(risk management)

(2) 安撫溝通(reassuring communication)

風險管理是處理威脅到公共健康的那個具傳染性的

疫症，控制它流入、散播、擴大的風險。這是首要，亦是反映市民最關心的兩個問題：（1）政府有否能力去控制和處理疫情？（2）政府有否把保護市民的健康和福祉放在第一位？這也就是上篇提到市民決定是否信任政府的兩個因素。

作為一個政府，除了風險管理之外，更需要懂得跟社會各界溝通。懂發音不等於懂溝通，例如當一個官員行出來對著公眾擺出一副黑口黑面、藐嘴藐舌之不屑酸相，說話態度對人冷嘲熱諷、嗤之以鼻，那公眾只看見此人行出來發出了一些聲音，但不會認為他／她有溝通的能力和誠意。平時無事無幹以這種姿勢行出來，已談不上達標，更何況是全城陷入嚴峻危機之時？

我們都不喜歡不確定的狀態

但凡健康、衛生、人身安危等危機，公眾必有最高度關注，因這是最切身，甚至生死攸關的題目。美國加利福尼亞大學戴維斯分校傳播學榮休教授 Charles Berger

在其著名理論 Uncertainty Reduction Theory（降低不確定性理論）中指出人性的一個心理：我們都不喜歡不確定的狀態，並會嘗試用自己的方法令自己對情況多一點確定和掌握。新冠肺炎一出現即來勢洶洶，因為大家都未遇過，亦沒有 protocol（可參考的基準）可遵守，不知應如何防疫。在初期階段，很多城市的情緒是處於 panicking（恐慌）的狀態，這時的政府，除了要管理好實質的疫情風險之外，更不能忽略自己其實也有責任去穩定公眾面對不確定情況所產生的恐慌與徬徨情緒。若忽略這一方面的處理，任由公眾不安情緒發酵和擴大的話，就會謠言四起，因為大家在沒有清晰信息之下，惟有嘗試用自己的方法去自救。例如在香港，疫情初期就有人誤傳口罩翻蒸可重用，又或瘋傳即將會有糧荒、廁紙荒等，搞到亂上加亂。

當然，一個政府要做到有能力安撫民眾的不安情緒，絕非一句「市民可放心」便叫安撫溝通。「憑什麼？」是關鍵，即每一個政府都要思考一下：憑什麼叫

市民放心？憑什麼叫市民相信？憑什麼叫市民聽得入耳？

　　有些地方，官方越叫「市民可放心」，市民越不放心。

「事情」永遠不是最難拆，
「感情」才是最棘手之處。

# 細節位才見真章

面對著一個極嚴峻的公共衛生和健康危機，每個政府都需要及早啟動風險管理機制，而在這個情況，首先要清楚風險是指什麼：

(1) 外來輸入病毒

(2) 內裡感染擴大

風險管理六大步驟

清晰知道風險是什麼，方能朝著這兩個目標進行管理。標準的風險管理 protocol（基準）有以下六大步驟：

(1) Detection（查測）

(2) Preparation（措施準備）

（3）　Containment（遏制擴散）

（4）　Eradication（消滅源頭）

（5）　Recovery（復原）

（6）　Lessons learned（檢討和汲取教訓）

先說 detection（查測）。查測是辨識誰帶有病毒，這是只有政府才可做到的工作。查測分外和內，首先是要考慮到檢測技術和檢測機構是否可靠的問題，尤其是外判的機構。然而，檢測絕不單是技術層面的問題，也是政策問題。

外來人士入境後如何檢測？檢測結果未出之前如何安置他們？萬一日後需要跟進，如何聯絡他們？病毒無眼，無人會具有特殊免疫力，因此每個從境外入境者都應接受檢測，無一例外，這樣政府才能真正保護到自己的市民。若有些入境人士可有豁免權，那麼這個決定的

背後假設是某些地方、某些職業、某些特殊人士不會受感染，這個假設本身理據薄弱，一個政府對外的每一個說法，都必定要先考慮是否站得住腳才能叫人順氣。而且，每個地方的檢測標準和質素不同，每個政府都要考慮一連串問題：外來入境人士若持有他們在出發地獲發的健康證明，可否視為有效證明？準則是什麼？準則是應用在所有其他地方，還是會給予某些地方特別檢測豁免權？有什麼客觀標準足以顯示那個地方的健康證明是專業可靠的？在對外來人士入境的檢測上，理應個個做足，一個都不能少。靠入境人士自己憑良心申報，靠不住；人手不夠，更不是藉口。

　　至於內部檢測，內部是城市內的居民和已入境者，政府應考慮的問題有：什麼情況下會要求相關人士做檢測？如何安排？若有人不從或使詐逃避的話有什麼懲罰？有什麼病徵的人士需要檢測？有何指引給醫務人員？懷疑個案如何運送到檢測中心？檢測結果未出之前如何安置／安排他們？如何加快得出檢測的結果？若需要大規模檢測（如大廈），執行程序、排序是怎樣？如何

與大廈內的人士溝通安排和程序？特殊人士（如老人家
或行動不便者）如何處理？如何制定一個標準的 protocol
給相關部門去執行？

城市質素也要看細節

　　看一個城市的質素，不能只看硬件，細節位也能呈
現很多東西，那才是當中官員見真章之時。例如，一幅
要行動不便老人家三更半夜排長龍去做檢測的相片，可
看得出策劃人有否周詳考慮、有否應變能力、有否以人
為本。政治公關，不需特別打造場面，不需臨時演員，
更不需幾千萬公關費，一個在特殊情況下能真正體貼老
人家的畫面，可能收到更好的公關效果。

Warrior

　　我們已處於一個非 peacetime（和平時期）的時代。環看世界，每日都有匪夷所思之事發生，總有一兩單危機喺左近，公眾情緒一炳即著。一切皆顯示，即使沒有打仗，我們其實已處於一個 wartime（戰爭時期）的世代。而最大的問題在於：無論在商業世界、非牟利／公營機構或政治範疇，很多現居領導層者，都是在 peacetime 成長的，他們沿用兼且認為奏效的 peacetime leadership（和平時期的領導力），放在現今的 wartime 世代，根本離地兼落後，已不足以應付現時極速變化、高要求兼公眾高批判的場景。

　　商業世界還比較好些，因為比較 result-driven（以結果做主導），不能與時俱進很快會被淘汰；但於非商業世界裡頭，很多只能用於 peacetime 的思維、程序或做法，卻用於現在的 wartime 世代，那就死得人多。

Wartime Leadership

　　現今世代，政治領袖也需要具備 wartime leadership（戰爭時期的領導力）之靈活、勇猛、精準、果斷、貼地和一步到位，和平時期衍生的官僚和官腔，已解決不了現世代問題，只暴露自己不合時宜和力有不逮，看得市民煩厭兼火滾。

　　新冠肺炎之公共健康危機突襲，能從各城市的 preparation（措施準備）階段當中看出端倪。面對那麼大的疫症爆發危機，措施準備要深而廣，人在第一步，思維應想多好幾步，因為這是市民和城市安危，需要預早作統籌和協調，例如疫症初期，準備 standby（待用）要考慮的包括：如何保證口罩有充足的供應量？這是實際需要的問題，亦是安撫民心的問題。就這麼一個簡單問題，已高下立見，因為有前瞻和靈活的政府，會懂行先一步，一早與商界的供應商和運輸商作好協調和協作，在這方面，有些地方處理得快狠準，例如澳門。

戰士格是這樣煉成的

反之，peacetime leadership 的思維還停留在程序和慣例，衰一步先懂行一步，口罩荒發生了，民怨沸騰了，才驟然驚覺原來要做些搜羅、統籌和協商工作，下下遲人一步，累積下來，就是遲人十步。在 wartime 世代，市民若遇上個只能在 peacetime 生存的領導群的話，結果會是什麼？個個市民會迫於無奈地被環境訓練成「warrior」（戰士）。有頭髮邊個想做癩痢？誰人會享受失儀發瘋般撲口罩、撲米糧、撲廁紙？但在嚴峻的疫情下，若有市民覺得民生（指的已不是市民生活那麼簡單，而是指市民生存）已不能靠其政府照顧，那就惟有靠自己才可自救和自保。那些市民在逆境下的一身 warrior 戰士格，大概就是這樣煉成的。

很多只能用於 peacetime 的思維、
程序或做法，卻用於現在 wartime 世代，
那就死得人多。

要避免爬在疫情後

　　要做公共健康危機的風險管理，就 preparation 措施準備這一項，已是一個 ongoing（持續進行）的步驟，不同階段需要有不同的準備，要預備的事項，又豈止是充足口罩供應那麼簡單？在疫症爆發之初期，政府首先是要做好與疫情有關的防禦準備，例如要確保：

（1）　防疫產品（口罩、保護衣）在高風險前線人員（如醫護人員、處理外來人士入境的海關人員）當中供應充足，因為他們的工作就是搵命搏，而且接觸人多，在情在理，政府有責任要好好保護他們；

（2）　防疫產品（如口罩）在城市內供應充足，這當然也包括確保市面供應的口罩品質達標才行；

（3）　有足夠人手有效率地進行大量檢測工作和發送

結果通知；

（4） 隔離地方和配套要齊備，這不單只是預備地方
那麼簡單，而是要考慮到隔離地方的通風系
統、公用空間衛生、運送隔離人士交通工具的
消毒和膳食的安排等。

事先的概念和計劃

每個政府同時要考慮的，就是城市整體運作的安
排，要預備在很嚴峻的時候，如何維持民生；醫療系
統、資訊科技、政府服務公眾的部門等如何保持運作；
教育、飲食、娛樂、銀行、商業等各行各業如何預備必
要時的改動；這一切都需要政府先有一個清晰的概念和
計劃，繼而再有效地與相關部門和業界溝通和協調。

即使較後期階段，有疫苗面世，政府要預備的工作
亦不能停下來，單單在購買疫苗這個安排上，就可看出
哪個城市較有前瞻力、行動力，甚至牙力。這方面，澳

門政府做得不錯，2021 年 2 月已爭取到兩種疫苗供市民自由選擇。要大量接種，也有一連串的安排要考慮：哪些人士應該優先？如何分批？要提升大量接種的能力，必定要提前做好「空間」（接種場地的選址和安排，讓大部分市民可以很方便地接種）與「人力」（是否有需要招募大量受過基本打針訓練人士，例如退了休的醫療人員）的準備。

透徹思考每個細節位

面對緊急的公共健康危機，每個政府當然要走在疫情前，那是必需的，但講得出又未必做得到。政府需要在準備階段的每個細節位都透徹思考，更要考慮每個細節有否伏位，下幾步如何走，如何協調相關部門和社會不同力量。

例如準備隔離地方的膳食，就要考慮到伏位會在哪裡。伏位即是出錯位或關公災難位，例如膳食難食、運送延誤、忽略特別人士（如老人家、素食者、糖尿病人

等）的需要、食物冷冰冰、食物食壞人、供應商有不良紀錄等。伏位列出後，就要進行 reverse thinking（逆向思維）去問：「如何預防這些關公災難發生？」Preparation 階段，就是要包括這些細節的提防預備。若沒有考慮到有伏位這回事，並防止它們發生，那走在疫情前就只淪為自 high 式的唸口簧，而實質上，是龜速爬行在疫情後。

猶如出土文物的肉餅

2021 年 5 月初，香港竹篙灣隔離營被入營者爆出灰黑色磚頭粟米肉餅的膳食相片，有本地傳媒以「網民嘆伙食慘過坐監：瓷磚定鞋墊嚟？」為標題，網民大肆評論：「成塊廁所瓷磚咁」、「甚至連杯麵也不如」、「仲垃圾過學校午餐嘅飯」。看過照片的人，第一反應會問：食得落肚嗎？一塊肉要有幾霉、要放置多久，才可製造出這種灰黑色物體來？

Bad PR

從公關角度看，這張肉餅照被瘋傳，是 bad PR（爛公關）。若那是一個 fear appeal（意圖以引發恐懼的方式使人接受某些信念），叫人望（肉餅）而生畏，好令你們個個乖乖做足防疫措施，那確實是個很恐怖的 appeal，觀者無不自我提醒要加多幾分努力醒醒定定去防疫，因

為我們都怕了那塊灰棕霉硬凍猶如出土文物的肉餅。

豈料禍不單行，入營者好不容易把那些起泡白汁或灰棕肉餅硬啃下肚，結果有人食物中毒。其實，大部分港人是很合作的良好市民，即使口裡嘀咕幾句，身體還是配合政府的，這麼乖而落得個食物中毒收場的話，氣憤難平是可以理解的。

步驟尚待改善

雖然那食品供應商已馬上遭撤換，回頭再看這事件，有些步驟尚有待改善：

（1） 公營機構外判決定，往往以價低者得作唯一標準，外判者亦惟有將貨就價，結果經常得出個劣質產品或服務收場，是時候要改善這種外判標準。

（2）　決定外判者中標前，做個 background check
　　　（背景調查）功課是常識吧？！原來是次令入
　　　營者食物中毒的外判供應商，在 2019 年曾涉
　　　供應變酸飯盒致學童腹瀉。有前科仍能再次中
　　　標，有關部門應好好檢討。

（3）　做好風險管理，隔離營的衛生和食物要格外關
　　　注，亦要定時派人檢查食物品質和設施衛生，
　　　否則，人家未進去前本應無事無幹、龍精虎
　　　猛，入營後卻給弄到面青唇白、腳軟中毒，那
　　　講得過去嗎？準備隔離營膳食的過程若考慮周
　　　全，就不會苦了市民。

　　疫情在每一階段（初、中、中後期）要準備的事何
其多，隔離營膳食只是冰山一角。

無能者，撩交打

　　風險和危機管理最重要的一個概念和步驟是 containment（遏制情況、事件輿論或焦點繼續擴散／擴大／變得更嚴重），即盡量收窄受影響的範圍。環觀很多公關危機，都是 containment 這一環做得差，才令事件弄至一發不可收拾之地步。Containment 要再細分去做的話，有兩種：

（1）　規範／控制實質事件的範圍，以免它再擴大；

（2）　安撫／疏導公眾情緒，免它發酵至民怨沸騰的地步。

　　第一點是處理事，第二點是處理人，兩種 containment 同樣重要，所以要同步處理。而「人」往往比「事」複雜，因為人有情緒，亦互相影響（有

interactivity 的特性），也可以互動召集，採取進一步的集體行動（有 collaborativity 的能力），如杯葛或示威。

有能者，能知收放

那「如何 contain」就是學問。面對現時有高度智慧和高度批判性的群眾，若群眾表達訴求，逆民而行是方向錯誤，強行遏止是方法錯誤。法國哲學家 Michel Foucault 說：「Where there is power, there is resistance.」哪裡有權力（所引申的壓制、不公或剝奪），哪裡就有反抗。應用在公關場景，是非常好的提醒：一個領袖或發言人的說話和行為，越呈現出離地、不屑、官僚、專橫的負能量姿態，就越會激起公眾反感和反抗的情緒，壞大事者，就是不懂 contain 的人。

有能和無能者之分別，在於能否把事情和公眾情緒化而解之。有能者，能知收放，大事化小。反之，無能者，一出現或一出口，就製造出小事化大、火上加油、

民怨沸騰的效果。此類無能者其實是其機構或上司的負資產。以下為一例。

撩交打的 CEO

英國石油公司 British Petroleum（BP，公眾有限公司，前稱英國石油）在美國墨西哥灣外海的鑽油平台（Deepwater Horizon）於 2010 年 4 月 20 日發生故障並爆炸，導致 11 名工作人員死亡及 17 人受傷，每天平均有等於 60,000 桶的原油漏到墨西哥灣，造成一場極之嚴重的環境災難，當時的美國總統奧巴馬形容為美國繼 911 後最大的災難。但當時 BP 的 CEO Tony Hayward 沒有積極處理漏油狀況，更說出：「What the hell did we do to deserve this?」（我哋做錯咗啲乜鬼嘢落得個如此局面？）「The Gulf of Mexico is a very big ocean. The amount of volume of oil and dispersant we are putting into it is tiny in relation to the total water volume.」（墨西哥灣好大，相比之下，我哋漏嘅油根本微不足道。）「I want my life back.」（我想要返我失去咗嘅生活——指因處理漏油事件而失去生活。）這就是完全沒有 containment 概念的例子，沒有 contain 危機所帶來的實質破壞／損害，亦沒有 contain 公眾憤怒情緒，反而說出令人更咬牙切齒、猶如撩交打的話。這是失敗的處理和失敗領袖之一例。Tony Hayward 最終亦黯然下台，結局非常合情合理。

懂發音不等於懂溝通。

虛得只剩罵

以下是 containment 的另一反面教材：

北京一個名為「谷岳」的網紅於 2020 年 9 月初親身光顧北京王府井及東四地區被評得最低分的餐廳「狗不理包子王府井總店」，並同時拍下邊食邊評論的影片。他說：「要說也沒那麼難吃，這種質量 20 塊錢差不多，100 塊錢兩籠有點貴。」普通人也好，網紅也好，對一家食店有這樣的評語，實屬正常，況且谷岳已算留有餘地，當他評論屢被大眾投訴的店舖服務時，說「今天覺得還行吧」。

聰明人，能把敵人變同盟

做得飲食界，有人批評你的食物和服務質素差，應先檢討一下自己；而且，正所謂「出得嚟行，預咗畀人

彈」,若不想被人批評,就不要打開門做生意。遇上被公眾人物如網紅批評,可以有兩個選擇:(1)不做任何事,由得負評存在(況且對狗不理包子王府井總店來說,日日都有人罵,毋須小事化大);(2)私下找網紅溝通、了解,找個時間請他再到訪品嚐一下改良了的食物和服務質素。上乘公關,就是可以令本身彈自己的人,變成讚自己。聰明人,能把敵人變同盟;只有蠢笨的人,才會把同盟也變成敵人。

但狗不理包子王府井總店處理谷岳的負評,竟然是馬上發出措辭強硬的聲明,駁斥谷岳「私自拍攝、剪輯,並向第三方提供帶有不實信息內容的視頻,嚴重影響餐廳正常經營,侵犯餐廳的名譽權造成相關經濟損失」、「所有惡語中傷言論均為不實信息」、「造成非常不良的社會影響」,更表明已報警追究法律責任。

餐廳沒有 contain 事件不特止,更自己把事情搞大,令本來不太注意此小事的人也抱不平,紛紛留言:「難

吃還不讓說了，這一下臭名遠揚。」「不讓人說？要不要
臉？人家這說的很理性客觀啊。」「吃過，真的很難吃，
一星都給多了！」

那是多麼愚蠢的 self-inflicted（自我引爆）的危機。
由於幫手罵的網民太多，餐廳最後要把專門用作發表聲
明的微博帳號刪除。一宗本來是過一兩天就會不著痕跡
的事件，狗不理包子王府井總店卻親自把它變成街知巷
聞的公關危機，後來狗不理集團股份有限公司發布調查
結果，聲稱由於王府井加盟店嚴重損害了集團名譽，並
造成惡劣的社會影響，狗不理集團從即日起解除與其合
作。自作自受，與人無尤。

攻擊批評者最不智

然而，一遇到別人批評就說人是惡意中傷、不實信
息的，又豈止此餐廳？這是傳播學者 William Benoit 所說
的「attacking the accuser」（攻擊批評者），但這一招從
不討好：

（1） 遇上人家批評，本能反射卻是「你最衰，我無錯」，那是告訴世人，自己／我方是一個剛愎自用、不擅聆聽、不思進取兼欠缺反思之人；

（2） 那些一開口就反指批評者是「惡意中傷」、「立心不良」、「不盡不實」的 attack 口吻，已聽得人麻木或煩厭，姿態上毫無風度，已經失分；

（3） 有堅實的證據去否定人家的錯怪，大方和冷靜地拿出來便是，人家自然會收口。沒有的話，一味得個罵，反倒令人覺得虛。又或反過來說，通常是沒有客觀事實去支撐自己的人，才會虛得只剩罵。

學吓人

在公共健康危機的場景，處理外來病毒入侵的風險，人命關天，更加要 containment！正路和正常的思維就是堵截入口，先把病毒從外輸入的風險減至最低，甚至是零。這方面，澳門做得好，快狠準地宣布 lockdown（封城）政策，可真正做到 containment，控制病毒擴散。

跳過 containment 風險必增

新冠肺炎爆發初期來勢洶洶，每個政府都應做多，不能做少。若仍中門大開，又或掩少少關少少，這種對肺炎病毒「欲拒還迎」的做法，起碼決策者要知道，這是把第三步 containment 的步驟從風險管理 protocol（基準）的程序直接跳過了。決定讓大門和窗戶繼續大開，又或關大門但開大窗，風險增加是必然之事。

在亞洲地區，澳門和新加坡都做得好，澳門一直守得住，而新加坡於 2021 年 4 月底在 *Bloomberg* 的 The Covid Resilience Ranking（新冠肺炎復原力排名）裡面排名第一，超越一直名列前茅的紐西蘭。其實管理品牌也好，企業也好，城市也好，醒少少的領袖都會曉得左望望右望望──什麼意思呢？就是望下隔籬左右，同行又好、同僚又好、競爭對手又好，benchmark（以人家亮麗成績作為標準來參照）一下，即是直接一點講：學吓人啦！

Benchmark 人家的智慧

學吓人家做得出色的地方是如何做，跟著做也無妨，雖然毋須贏在起跑線，但起碼不要輸在終點。但 benchmark 人家這種智慧，不是個個領袖都有，自視過高、自以為是的人，會對別人的做法嗤之以鼻。若本身是 Steve Jobs 或唐鳳那類，自己已有無限創見和前瞻性的領導人物，那當然毋須參照人家，反是倒轉過來人家

參照他們就差不多；但世間上最大的問題是，平庸人坐在領導位置，自己管治不來，又不屑瞄瞄別人，那就苦了其他人。

　　一個對市民負責任的城市，面對疾病具高度傳染力的公共健康危機，會在 containment 和 detection 這兩個關鍵位做到十足。若不能做到像澳門那樣當機立斷地封城把關，那退而求其次，就要外來人入境時，有劃一而嚴謹的 detection（查測）機制。放人入城，最重要 containment 那一關不做的話，那對入境者做檢測（即 detection）就尤其重要了。理論上，無入境者可豁免接受檢測。假設某些職業、來自某些地方的人士等毋須檢測，邏輯講不通。若在疫症爆發之初，containment 兼 detection 皆做到半桶水不全面，那基本上可以説，風險就只能由市民自己去承擔，他們亦只能靠自己保命。

搵個人祭旗，
公眾會收貨？

　　風險管理中六個步驟的頭三步（detection、preparation 和 containment）是危急作戰狀態、殺到埋身時最不可或缺的工作。後三步（eradication——消滅源頭、recovery——復原和 lessons learned——檢討和汲取教訓）則是情況可控制／穩定後要做的事項，六個步驟同樣重要，只是每個步驟在時間線上何時應出現的問題。

找出源頭，杜絕元兇

　　一個危機出現雖是一剎那，但凡事不會無緣無故地發生，真正的風險管理，就是要知道導致危機的源頭或原因是什麼，然後把元兇杜絕（eradicate），那才是公眾想要見到的。為何當機構爆出危機，匆匆忙忙炒了個「問題員工」就以為可息事寧人，通常都只會適得其反，被公眾視為「搵個人祭旗」（scapegoating）？皆因現今公眾有高度智慧，看事件是看核心問題，求其炒個

人，沒有正視核心問題而只在表面做功夫，逃不過公眾
法眼，那公眾當然「唔收貨」。

「搵個人祭旗」適得其反

2010年，內地牛奶品牌蒙牛被爆出聘請公關公司有
計劃地抹黑競爭對手（稱作「黑公關」）伊利的醜聞，
連那份公關合約的細節，如「行動執行周期為時7—
10天，利用消費者口吻發起網上『萬人簽名拒絕魚油
DHA』的簽字活動（因對手伊利牛奶含魚油DHA），以及
發動大量網絡新聞及博客進行轉載和評述」都被上載。
合約真有其事，沒得否認，於是蒙牛找來一個叫「安
勇」的市場經理（是否有這麼一個安勇，不得而知）為
事情負全責，同時向公眾解畫：「安勇是在未向任何上級
請示的情況下，擅自與公關公司聯繫，策劃了一連串行
動；蒙牛為『教育不周、管理不力』、導致安勇事件對消
費者造成不良影響而致歉。」留意他們的道歉原因——只
是因為「教育不周」教出這麼一個安勇出來，而非企業
用令人不齒的手段去抹黑對手之行為。但求其推個「安

勇」出來，把罪名全推在他身上，公眾又是否相信？心水清的內地網民質疑：「（區區一個市場經理級別的）安勇能自掏腰包 20 多萬幹這事？」一針見血，道出破綻。

又例如 2015 年香港爆出啟晴邨驗出含鉛食水，當局開記招點名歸咎於持牌水喉匠林德森。當時網民批評，只針對一個水喉匠，只是在找「替死鬼」，質疑那麼大的工程，由審批、監督到完成，難道無人需要負責？可見公眾針對的，是更深層次的管理制度問題，即使一個人出錯，也不可能單純是一個人的問題，故當局在記招上把問題全歸在一個水喉匠身上時，就顯得太 desperate（急切）想說明「唔關我事」，更在公眾眼中，顯得欠缺承擔的勇氣和責任。2016 年，調查委員會的調查報告總結：水務署、房委會、承建商等「集體失職」。

公眾看得到核心問題

這也解釋了為什麼有些個案，有員工被人炒會令公眾睇唔過眼，但又有些人（如機構領導層），公眾會質問

54

為何「咁都唔炒？」，原因在於公眾認為事件的核心問題在哪裡。當公眾理解核心問題是內部腐敗／腐化／無能的時候，若只找問題鏈最末端的員工去做代罪羔羊，只會令公眾進一步確認機構果然腐敗到冇得救的地步。反之，公眾會希望看到有心從核心去解決問題的機構，至少把一兩個導致、容許或助長內部腐化的領導層問責，那公眾才看到機構有真正洗心革面的決心。

消滅源頭，易講難做，因為很多時，源頭不會像在 2003 年沙士時期那樣，那麼容易又清晰地被確認是什麼；有一些危機場景，甚至不是單一因素，所以在 eradication（第四階段），（1）未必可即時確認什麼就是危機源頭／成因；（2）確認後亦需時間處理。那麼公關在此時可以做什麼呢？要回答這個問題，先要了解：現今公眾要求的是什麼？他們不滿足於怎麼樣的處理和回應？怎麼做或什麼方向，才令公眾至少會覺得「像樣」呢？

修復和汲取教訓

　　很多風險和危機的處理個案，都忽略了 recovery（復原）和 lessons learned（檢討和汲取教訓）的重要性。其實 post-crisis（危機過後的階段）跟 crisis（危機階段）同樣重要，因為破壞了的東西，包括有形的（如：經濟、健康生態）和無形的（如：信任、士氣），元氣大傷，都需要復原或修復。有些情況，傷痕太深，回不了過去，完全復原是無法的了，但修復還是要做的。人、機構和社會一樣，傷痕是要處理的，不理它不代表它不存在，只是它暫時隱藏在深處某角，處理不當，血水還是會滲出，長期慢性發炎，遲早再發病。那麼 recovery 如何做？值得探討。

情感的修復

　　舉疫症為例，通關、內地遊客湧現、經濟復甦是否

就是 recovery 的唯一目標和指標？不是説這些不重要，而是我們不能忽略更深層的信心和情感的修復。危機必定在公眾當中引發一些負面的情緒、畫面和記憶，當危機過後，若沒有任何正面、開心或令人刮目相看的事代替（replace）危機當中所產生的不愉快畫面，那在公眾的腦海裡頭，就會仍然只停留在負面的記憶當中。為何當我們一提到八達通，仍然想起 10 年前把客戶資料賣給其他公司謀利那宗醜聞？因為八達通之後沒有出現任何令人留下深刻正面情緒的事情以取代那個負面記憶。

疫症的 recovery 階段也一樣。經濟復甦只是社會和市民生活恢復如常而已，但有一些更深層的東西，如信心，是需要慢慢修復的。而公眾正面的情緒和記憶，是絕不會由見到㗳口㗳面的畫面培養出來的。

自我修正的勇氣和能力

現今社會，錯失和錯誤天天發生，其實公眾見怪不怪，他們看重的，是一個機構或一個人有否把握到

lessons learned（檢討和汲取教訓）的機會、有否自我修正的勇氣和能力。Starbucks 2018 年處理在美國的公關災難時之所以大受好評，皆因承認是自己內部 system 問題，並且有 lessons learned 和願意修正。事情始末如下：

2018 年 4 月，兩名黑人顧客進入費城 Starbucks 坐下。由於他們要等候另一個人，所以未叫飲品，但咖啡店職員卻叫他們離開，擾攘一輪最後職員竟然報警。警察到場，兩名黑人顧客表示他們等朋友到來便會買飲料，殊不知警察將兩名黑人顧客反手戴上手鐐帶走。整個過程被在場其他顧客拍下，在網上瘋傳，很多人質問：如果他們是白人，會否受到如此對待？全美網民指控 Starbucks 種族歧視。這是非常難拆之局，因為：（1）種族歧視是敏感議題；（2）有影片記錄整個過程，沒有走盞位；和（3）網民帶有激烈情緒。

先講結局是怎樣：這個案被譽為 2018 年公關危機處理典範。要知道美國人一向對 Starbucks 不是特別寬容，對它的批判亦不少，究竟 Starbucks 做了什麼竟然被稱讚

漂亮拆彈呢？

（1）　Starbucks 主席 Howard Schultz 馬上現身道
　　　　歉，並說：「我感到尷尬、羞恥。我完全把
　　　　問題視為我的問題（I take it personally），我
　　　　們承諾要把它糾正。我們應該有更高的水平
　　　　（We're better than this）。」

　　領袖肯出來 own the problem，這個姿態，先挽回一
點失分。

（2）　宣布在 5 月 29 日關閉全美國超過 8,000 間
　　　　Starbucks 一天，向 175,000 名員工進行種族
　　　　尊重的培訓。

　　種族歧視這個議題，公眾當然知道一日的培訓不可
能就把問題解決，但至少這個行動令公眾看得出企業願
意付出一個代價（當天 8,000 間 Starbucks 的營業額）去
檢討和汲取教訓，此舉動在當時是史無前例的。

（3） 說明不會炒那名報警員工，承認沒有灌輸正確
的種族尊重觀念給前線員工，是高層的責任。

能把問題的根源歸咎於內部核心問題（system）而
非找個人祭旗，令公眾刮目相看。

Starbucks 在處理這個危機當中，就是做到公眾最
在乎的：正視內部核心問題，檢視和修正。反之，越無
法正視自己問題的、越玻璃心的、越把責任歸咎於他人
的，即越無法汲取教訓、自我修正，有這樣 fixed mindset
（定型心態）的機構或人，自然無法得人心。

聰明人，能把敵人變同盟；
只有蠢笨的人，才會把同盟也變成敵人。

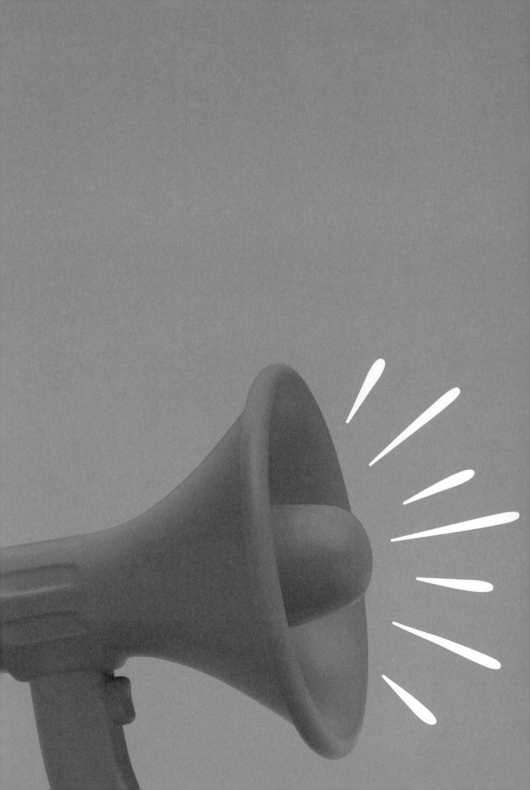

第二章

危機管理原則

危機管理有所謂的 5S 原則：Shoulder（承擔責任）、Speed（迅速行動）、Sincerity（誠懇態度）、Standard（水準達標）、System（健全系統）。

其中最後的 2S──Standard 和 System──經常被忽略，卻是公眾最在乎的核心價值。

危機管理的 5S 原則

危機管理有所謂的 5S 原則：

Shoulder（承擔責任）

在毫無抵賴、責無旁貸的情況下，當然必須承擔責任。現在全世界那麼多民怨，就是因為看到太多明顯要為做了壞事而負責的人，仍死不認錯、若無其事、意氣風發、也文也武，兼毫無廉恥地在原有崗位上存在著。肯承擔責任者，未必馬上能化危機為神奇，但至少公眾會願意給你一點時間去看你如何補鑊。鑊補得好，公眾條氣順了，自然慢慢有轉機。反之，死不認錯兼只懂手指指、指向別人者，已在公眾心目中屬無可救藥的人／機構，以後任憑再出來講什麼，也不會再得到公眾信任。

Speed（迅速行動）

我們正處於 real-time（實時／即時）世代，所有事都可以被陌生人拿起手機拍攝兼同步直播，公關根本再沒有 lag time（時差）去慢慢消化、沉澱或冥想，然後才去處理。當有突發而重要的事件爆出來的時候，現世代可接受的時間，是機構在 4 小時內至少有點反應或回應，最好是可向公眾交代發生什麼事和將會採取什麼行動。過了 4 小時才露面，會被看成太遲太慢太無能。

Sincerity（誠懇態度）

公眾看的，是整體姿態，包括說什麼、如何說、是否積極與不同持份者溝通等，一個人行出來，眼神、語調、肢體語言等都在表達和流露著他／她的態度。公眾不是傻，不會只看一個人說什麼，更會看此人說話時的微表情。所以，一邊口裡說很有誠意去溝通，一邊卻藐嘴藐舌、㷫口㷫面，是不能夠說服到公眾的。這當然不是說行出來要聲淚俱下才叫有誠意，有時過分 dramatic

（戲劇化），會被公眾嫌浮誇，這個尺度要拿捏得準。況
且公眾看的，已非只是那一刻你說過什麼和如何說，而
是之後你如何做：有否講就天花龍鳳，做就無影無蹤？
Action speaks louder than words.（行動比說話更可靠。）

Standard（水準達標）

　　水準是否達標，不是自說自話去講自家有幾可靠、
誠實或世界級，應由獨立第三方評價、審查或調查，這
是最基本的 protocol。又或反過來說，在一些重要關口
上，沒有很透明地讓獨立第三方（可以是傳媒、專業團
體）去了解或查考，由無利益衝突的獨立機構去 endorse
（背書），很難說服他人那是一所水準達標的機構。遇上
危機，尤其是牽涉內部人員，要找出真正問題之 why and
how（為什麼和如何弄至如此田地），更應由獨立第三方
去處理，這樣才有公信力，才可以說自家機構達到標準
水平。

System（健全系統）

一個機構就是一個 system（系統），當中有很多 sub-systems（支系統）。一個健全的系統，需要有健全的支系統支撐，一個支系統的問題、出錯或腐敗，會遲早蔓延、擴散或反映在整體系統上，一個危機爆發只是一時，但在這一時的背後，必定是有一堆非一時的、累積很久的腐爛細胞，那才是最核心要找出和正視的問題所在。

請思考：風險管理第四步，若要做到消滅源頭（eradication），在現世代有高度要求及批判力的公眾眼中，要做到 5S 裡頭哪一個 S 才到位呢？

書本理論與落場打仗是兩回事

以往業界比較強調前文提及的5個S裡的頭3個（shoulder, speed, sincerity），但面對這個wartime世代，以上3個S只是最基本的基準線，不足以令現今要求高兼精明眼的公眾順氣、滿意或拍手。而且，若只懂死跟這3個S，卻沒有配以靈巧和變通，分分鐘捉錯用神。我經常對有些公關課程仍在教「危機處理要shoulder、speed和sincerity」不以為然，因為這等同「阿媽係女人」的話。

不能死背教科書

Wartime世代，千變萬化，同一危機種類，只要裡頭有一個元素有變化，局面已是不一樣，所以公關的教科書理論跟實戰有時根本是兩回事，真正落場打仗時，不能靠死守一條只適宜背書用的書本守則。

　　例如：「Shoulder」（承擔責任）這一條，當局面是我方責無旁貸時，當然要站出來承擔責任，那是最基本的準則，公眾現時已非常厭倦官腔（「無資料顯示 X 和 Y 有直接關係」）、側側膊（「××已不存在」），又或手指指（千錯萬錯，都是別人的錯）。當擺明是我方有責的時候，應積極和主動承擔自己理應承擔的責任，這包括（1）承擔問題之導因（cause），或／和（2）承擔問題之處理、解決和善後（handling），是任何機構理應出現的問責精神和行為。

　　但現世代，是「有圖都未必有真相」的世代，有些情況，當我們也未知真實情況時，馬上跑出來道歉以示願意承擔責任，反為是最不可取的做法。

　　看看這個例子。2012 年，網上突然有人上載一張相片，場景是鬥狗（在很多國家是犯法的活動，因為非常殘忍），而場地周邊掛滿喜力啤酒（Heineken）的橫額，圍著觀看的，全是亞洲人面孔。然後世界各地網民都以

為喜力有份贊助那場鬥狗，群情激憤誓要聲討和杯葛喜力。若你是喜力，你會怎樣做？

最魯莽的做法：衝出來道歉。

為什麼？

有圖未必有真相

因為在未知（1）相片真偽和（2）自己是否真的有參與其中之前，就出來道歉，即是在無必要的情況下，先假設自己與鬥狗事件有關，這是劈頭就定錯位的做法。後來找到的真相是：那是在蒙古一間酒吧進行的鬥狗活動，喜力沒有贊助，只是於前一晚贊助了平常的飲酒跳舞活動，但酒吧翌日沒有把橫額拿下，造成是次誤會，幸好真相大白。

在這種情況下，若公關一開始就建議喜力先出來道歉，是擺錯棋兼陷品牌於不義的決策。

別急於衝出來

　　公關教科書經常強調要 speed（迅速行動）、要 proactive（採取主動），我不是叫大家要慢，只是想說，只得個「冇腦快」或「冇腦衝」，在這個 wartime 時代，就像盲頭士卒，衝先死先。尤其是身處遊戲規則經常變、龍門不知怎樣擺放的社會裡，以為搶閘出來第一個表態以後就有運行，分分鐘只是一廂情願的表錯情，最終可能令自己兩面不是人、不知怎收科。有些情況，尤其是未遇過的新處境，毋須次次爭做第一，否則行先死先的機率大過被人拍手大讚。

被指責的送外賣公司

　　內地送外賣公司美團和餓了麼在 2020 年 9 月成了內地網民注視的對象，起因是有一篇文章在 WeChat 瘋傳，道出了「外賣員已成高危職業的苦況」。文章一出，引起

了網民很大的迴響和熱議，矛頭直指送外賣公司為了增強競爭力，不惜縮短自家外賣員的送外賣時間，一旦超時，那便直接影響收入，有些外賣騎手甚至會因此而被辭退。所以，騎著電單車的外賣員不惜超速、衝紅燈、逆線行，可謂「搵命搏」，而有些亦因此而喪命：根據2017和2018年的數據顯示，在上海，平均每2.5天就有1名外賣員傷亡。同年，深圳3個月內有12人傷亡。2020年7月，西安又有兩貨車追尾，導致一名外賣員當場死亡。這些都是發生在大街大巷、民眾可親眼目睹的慘劇。

當 WeChat 文章一出，內地網民的情緒幾乎是一面倒同情外賣騎手的。而送外賣時間之短已去到不合情理、不近人情的程度，也是令網民痛罵兩間送外賣公司的原因。中國地大，有些地方需時到達，但兩間外賣公司互鬥速度，竟要求配送時間由原本的50分鐘，縮短至35分鐘；兩公里的路，本來最快也要32分鐘才到，但公司要求30分鐘送達。外賣員每次送外賣，就像是與死神搏鬥一樣，險象環生。而這些時間指標是怎樣得來的呢？

原來只是公司靠「AI智能配送系統」運算出來的決定。這也是令網民最感憤怒的地方,因為公司高層竟盲目單靠AI智能決定作唯一指標,罔顧員工的人命。

面對內地網民憤慨大罵,餓了麼第一個跳出來率先在微博回應:「你願意多給我5分鐘嗎?」然後說「系統是死的,人是活的」,順帶推出新功能,叫顧客自行選擇點擊多給外賣員5分鐘或10分鐘的按鈕。但這一著反更惹網民反感,反問:「為什麼將平台的鍋(責任)轉嫁給消費者?」外賣騎手的規則和安全,應是企業來訂立和負責,現在新的措施就如將外賣騎手的安全和過錯(如衝紅燈)讓客戶去承擔,所以微博一出即惡評如潮,被內地網民批評為2020年最差劣公關案例之一,成功實現自黑。

企業核心修正令人受落

餓了麼回應快,但根本沒有拿捏到公眾脈搏,笨人先出手,一味得個快字,結果災難收場。餓了麼前車可

鑑，遲交卷的美團隨後發了一篇名為〈感謝大家的意見和關心，我們馬上行動〉的文章，寫道：「沒做好就是沒做好，沒有藉口，系統的問題，終究需要系統背後的人來解決」，稱會更好地改善系統，給外賣騎手多8分鐘彈性時間，惡劣天氣下，系統會延長送餐時間，甚至停接訂單。這下回應說中了網民想看到的企業核心修正，於是令人受落。

公關跟做人一樣，一味只「掛個勇字喺心口」的，在這個社會已經不能立足；有些情況，毋須第一個衝出來，表了個態又無法收回，討好不了誰之餘，還自招災難。

只得個「冇腦快」或「冇腦衝」，
在這個 wartime 時代，
就像盲頭士卒，衝先死先。

誠意並非大晒

處理任何危機，sincerity（誠懇態度）是必然，這根本已是 common sense（常識），一個無公關訓練的人也可以講得出，所以誠懇態度只是處理公關災難的一個 necessary（必需）但非 sufficient（足夠）的條件。在要求極高的公眾標準裡，有時單單表現出 sincerity，也未必令他們收貨，還得看其他元素，如那件事的性質、嚴重程度、處理手法和牽涉的人物等。即是説，沒有誠懇態度，當然不可，但只得個誠懇，公眾亦未必收貨。

安心出軌事件

看許志安被爆出安心偷食事件後的記招，當事人聲淚俱下，淚涕直流，口口聲聲話自己是「很丟臉」、「很噁心」、「壞咗嘅人」，那刻的誠懇度十足，但公眾看後，有嘲笑、有反感，惟獨沒有心軟，同情更不用談。為什麼？皆因那件事的性質、嚴重程度、處理手法和牽涉的

人物都構成一個名人婚外情類別當中，最不討好的局面：

（1）　是影片不是相片，整個過程大家一目了然，有
　　　　時相片還可能有角度問題的 benefits of doubts
　　　　（在不肯定的情況／沒有足夠證據下，對某人
　　　　保持著中立或不下定論的態度），但出軌影片
　　　　清清楚楚，沒有懸念。

（2）　安心出軌事件具爆炸性，亦即具嚴重性，因鄭
　　　　秀文是天后級，許志安也算紅過，而他倆亦被
　　　　譽為「本世紀最後一對金童玉女」，所以安心
　　　　出軌一爆出，令人震撼，童話幻滅，即使不是
　　　　特別喜歡這一對的，也會高度關注事態發展。

（3）　鄭秀文和馬國明，即安心出軌事件的兩家受害
　　　　者，都是公眾喜愛的人物，而且形象正面，鄭
　　　　秀文更因信仰而蛻變成天使般，所以大家都會
　　　　毫不猶豫地站在鄭和馬那邊。一個背叛了天使
　　　　的人，在公眾眼中罪加一等。

Sincerity 不足以化解危機

這幾個元素本身已構成非常不討好的局面,在公眾眼中,「衰咗」、被揭發、被踢爆才來一個誠懇道歉、知錯和後悔,不值得原諒。而那篇記招講稿是非常不討好的演説,在已經不利的局面底下,更是火上加油:

(1) 出軌傷害了太太,劈頭第一句卻是「我要為我的家人、Sammi 的家人、朋友,致以萬二分的歉意」。真正向太太道歉的句子「我對不起 Sammi」竟是在説辭最後才出現。

(2) 大篇幅講自己——一味講自己失去靈魂、要找回自己、自己是「壞咗嘅人」,全篇都是「我如何」,但公眾對一個出軌男人如何迷失、如何失去靈魂,甚至對他本人,根本毫無興趣,越講越令人覺得內容空洞。

(3) 他口中的承擔責任——「暫停工作,直至找到

真正的自己及正確的自己」——其實不是一種
主動承擔，因為那個時刻，沒有太多人會想再
看到他，所以説自己會「暫停工作」，彷彿是
主動停工反省，卻令網民更加想揶揄——根本
是「被暫停」而已。

　　看到許志安在記招上男人老狗拿著紙巾淚流滿面，
男人最痛算這種，我們都不懷疑他那一刻是非常真心知
衰（至於知衰是因為傷害了太太，還是因為被人揭發，
就只有當事人才知），但公眾看完反倒更想揶揄或繼續鬧
爆。在現世代只有單一的 sincerity，根本不足以化解危
機。

渣男有冇得救？

　　遇上公關危機，必先評估局面和牌面如何，要考慮的是：

（1）　危機種類（crisis type）；

（2）　嚴重程度（degree of severity）；

（3）　這手牌最爛可以去到有幾爛（the worst scenario）；

（4）　這個機構／品牌／人物一向的歷史軌跡（orbit）如何？因為牽涉的機構／品牌／人物都有其歷史軌跡。若機構／品牌／人物已經醜聞／惡行／關公災難多多，即是在公眾心目中，個底已花，那再爆多一單公關危機，足可埋單。

（5） 以現時的牌面看，最好可以去到有幾好（the best scenario）？

公眾人物的公關危機

2020 年 5 月，台灣男星羅志祥被前度爆料，說他日日跟不同女性劈腿，還與旗下女藝人、化妝師有不尋常的男女關係，更會與兄弟們進行平常人無法想像的「多人運動」。這類事情，其實在娛樂圈（甚至非娛樂圈）每天都發生，只不過羅志祥算是一線偶像派，所以一爆出來，就令人覺得很 juicy。

公眾人物就是一個品牌，羅志祥這場危機，除了可當娛樂八卦新聞外，也可從公關危機角度分析。

（1） 危機種類：當下公眾認知的，不是與一個人一次出軌那麼簡單，而是無數次與無數個人在欺騙伴侶的情況下，進行極度縱慾荒誕的活動，那就不能說成是一時意亂情迷不能自已，而是

去到個人私德層面，一去到人品私德，公關難拆。

（2）　嚴重程度：出軌情況也有程度之分，與多人同時淫亂，是出軌個案中最不為公眾接受的，當年 Tiger Woods 被爆婚外情，更被揭原來同時有多名性伴侶兼好性派對後，形象與名聲即一鋪清袋，事業從此插水。

（3）　最差情景：現在還未是最差的境況，即使前度必有一些照片甚至影片在手，現在公眾仍只能憑空想像；但日後若前度把照片或影片公開（即使不是現在，也是一個長期計時炸彈），那就是將「多人運動」實況暴露於人前。而若當中還有其他狀況的話（如涉及其他知名人士或在場人士神態像服過藥物），那會是噩夢中的大噩夢。處理公關危機，必定要考慮到最差情景，要知道手上的牌可以爛至什麼地步。而羅志祥目前這個情況，沒有最爛，只有更爛。

（4） 再看他的歷史軌跡，屢有前科，幾年前被人踢
爆跟香港女子玩 cyber sex。都是那句，這些
癖好，在圈中大概並非只得羅志祥喜愛，但他
身為華人一線偶像，如此輕率地給一個陌生女
子拍下自己赤裸上身兼主動挑逗，除了濫之
外，更加是蠢。那時他只是三十出頭，仍可
用幾年時間等待事情淡化；但如今已屆「四
張」，個底又花，何來本錢期望公眾過幾年會
淡忘，然後來個翻身？到時已變大叔，即使扭
盡六壬，恐亦難望翻身。

（5） 綜合現時牌面看，羅志祥今鋪危危乎。以前明
星在台灣或香港不能維持人氣，還可以跑去內
地混，但現時內地亦很防範明星德行「污染」
或「教壞」公眾，有嚴控劣跡藝人的做法，所
以內地市場的如意算盤也未必能打響。

The Best Scenario

　　若説他患有「性上癮」病態，會否令公眾同情？很簡單，只需想想：一線男星若扣上「性上癮」病態的印象，會有可能在公眾形象上加分嗎？羅志祥爆出這單荒唐多人運動事件，最好的 scenario 只能去到：（1）前度不公開照片／影片；（2）或許仍能留在娛樂圈繼續打滾。但若想攀回亞洲小天王級別，難矣。

公眾最在乎的 2S

　　危機管理再講要 shoulder、speed 和 sincerity，其實只是道出「阿媽係女人」這最基本的原則，無甚額外的貢獻。5S 最後的 2S——standard（水準達標）和 system（健全系統）——經常被忽略，但這兩個 S，才是公眾最在乎的核心價值。

Standard（水準達標）

　　在內部能守住機構的核心價值和優良傳統（包括機構文化和做事規矩），對外能保持面向公眾的水準，是最基本的。但易講難做，公眾近年目睹的，是機構水準下降、敗壞、倒退的例子，多過維持達標水準或進步的。國泰曾是港人的 iconic pride（令港人引以為榮的代表性品牌），但自燃油對沖的錯誤決定後，就開始了一步錯、步步錯的不歸路，各方面的水準倒退有目共睹，去到今

時今日，已令不少港人不忍直視。

另一例是德國汽車品牌 Volkswagen（福士）於 2015 年的造假醜聞。一直形象良好的福士被踢爆在對美銷售的柴油車上，為了降低造車成本，令柴油車能符合低價、低油耗、高動力的要求，鋌而走險在控制軟體做手腳，令汽車在美國接受檢測時，出現符合美國法規的廢氣排放量的假象。這顯然是有意識的預謀而非一時無心之失。造假被踢爆，美國政府下令召回 48 萬輛問題車款，福士的股價重挫 22%，其市值至少已蒸發掉逾 150 億歐元，CEO Martin Winterkorn 宣布下台。

在現今醜聞醜事無處不在、黑白模糊、鹿可變馬的世代，守住達標水準不易。水準下降了，任憑做幾多 marketing（市場營銷）或 PR（公關）舉動，在公眾眼中，只是門面、花臣、修飾（甚至是掩飾）動作而已。

又，當機構內部有嚴重問題出現，最基本的必需措施是獨立調查，這是 5S 裡頭的 standard 的一項重要原

則,因為這措施本身向公眾說明:(1)機構對維持內部水準仍有心有堅持;和(2)勇於進行獨立調查,即說明機構對自己有信心,敗壞的,只是個別人員而非整個機構。反之,若機構不作獨立調查,就會更令公眾懷疑,問題是否不限於個別人員而已。

看看這個例子。教會被爆有女教友控訴遭牧師非禮,正路的做法當然是找跟牧師毫無關係的人士作獨立調查,該教會卻只由師母(牧師太太)或同一教會的執事去調查,實在荒謬絕倫。這個做法本身已告訴公眾這家教會不是腐化就是迂腐,而出來的報告,有人信才奇。

System(健全系統)

危機出現,公眾想看到的,是機構能檢視及正視內部最核心的問題,而非拒絕承認問題、責怪別人、顧左右而言他,又或只做門面功夫。處理當下危機固然重要,但每一個危機,都是說明內部某些系統或制度有不健康、不健全的跡象,所以處理導致危機發生的深層內

部問題，才是現今公眾要求的，因為這才是彰顯公義、杜絕重複翻發的徹底做法。然而，有些領導層，離地兼斷層，公眾已走到萬丈遠，自己卻仍停在原地踏步自high，以己之腦度公眾之智慧，導致出來的東西無法符合公眾的期望。

例子如下：

2018 年，碧桂園接二連三發生「冧樓」意外，一個月內至少奪去 7 條人命，導致 19 人受傷。碧桂園高層召開記者會鞠躬道歉，但錯放焦點：

（1） 安排在金碧輝煌的五星級酒店舉行；

（2） 贈送價值逾千元的 Chanel 香水給在場記者；

（3）「豪華 Media Kit」還夾有牛皮信封的「紅包」（利是），信封還有「一定的厚度」；

（4）　安排記者參加「走進碧桂園全國媒體行」的活
　　　動，記者除被安排參觀碧桂園、參加記者會，
　　　最後一天還獲安排於廣州長隆歡樂世界遊玩；

（5）　整個記招，只有幾分鐘談及全民關注的安全事
　　　故，剩下來的時間全部用來歌頌企業自己。當
　　　有內地記者在微博爆料碧桂園這樣處理「冧
　　　樓」意外時，內地網民怒罵該企業，因這是在
　　　粉飾（甚至掩飾）內部應正視和處理的最核心
　　　問題。公眾當然知道核心問題千絲萬縷，亦可
　　　能涉及高層，但至少，他們要看到將來的日
　　　子，機構有正視內部、撥亂反正的態度，這才
　　　是現今公眾最在乎的東西。

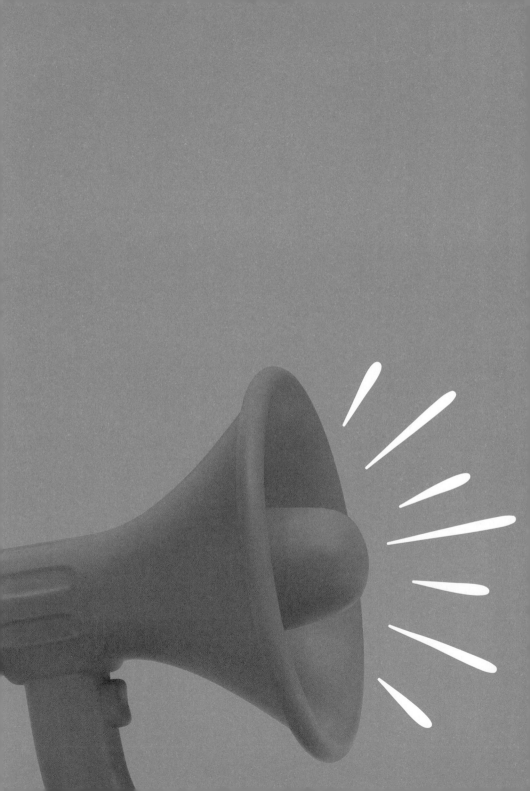

第三章

如何 sell？

硬銷已過時，既無效果，也令人反感。
人是何時最容易接收信息的呢？就是當我
們能笑住睇、笑住聽的時候。懂得用幽默
手法去 sell，聰明又有效。

Sell 人要先識打動人，也要分清 features
（特徵）和 benefits（益處）。呈現益處
時，最高境界就是能給人有希望或想像空
間。

我們面對著一個
什麼世代？

我們已踏入一個 VUCA 及信心暴跌的世代。

Forbes 於 2018 年 5 月刊登一篇文章（How VUCA is reshaping the business environment, and what it means for innovation），探討當社會生態環境變得更具變動性（volatility）、不確定性（uncertainty）、複雜性（complexity）及模糊性（ambiguity）時，企業與領袖都必須承認以往的法則——嚴謹規劃、擬定藍圖、做好預測——或非唯一套路。VUCA 往往唔跟舊玩法，估佢唔到。

風潮現象級 VUCA 盲拳

觀乎近年有趣現象，確有不少無端跑出的爆紅或黑馬例子：只唱了半首歌兼絕不唱 live 的古天樂奪「叱咤樂壇我最喜愛的男歌手」、ViuTV 低成本節目《全民造

星》爆出 Mirror 和 Error 男團，這些不跟以往「成功方程式」玩的爆紅例子，就是現世代「現象級」特色：沒特定套路，來如風，難捉摸，忽然爆紅，當事人或幕後策劃也始料不及。近期最令人 O 嘴的，是有人把一隻蛋放上 IG，竟吸 like 2,500 萬，成為史上最多 like 的 IG 相片。這些風潮現象級 VUCA 盲拳，行銷大師即使事前做 N 次市場研究調查，也無法估到一隻蛋會爆紅。VUCA 意味著，全球一種新現象和新思維已形成，有其新玩法、新法則，嘴邊老掛著「舊時點點點」已經離地。

VUCA 反映現世代網民自主意識抬頭，人們會有意識地在新媒體集體推翻既定成功模式：「你們以為我們只愛看名人華麗 IG？」全球網民合力推爆（爆紅）一隻蛋，只為顯示反規則心態。香港亦如是：「誰說古天樂不能當上最喜愛男歌手？」網民眾志成城把他推上寶座；「誰說捧紅一個人，一定要靠 TVB 同英皇？」「ViuTV 鬥唔過大台？」結果，ViuTV 成功打造深受少女、「姐姐」和「Auntie」喜愛的男團。

VUCA 世代，對某些人來說，摸不著頭腦和套路，但亦因其極速變動性、不確定性、複雜性和模糊性，促使既有遊戲規則重新洗牌，盲拳打死老師傅，充滿無限可能。我們可懷著好奇和開放心態，觀察這番新氣象。

信任暴跌

VUCA 世代的一大特徵，是信任暴跌。信任，是現世代一大課題，無論在一個國家與人民、企業與利益持份者、人與人之間，信任都在極速流逝。國際公關顧問公司 Edelman 著名的 Trust Barometer 調查，每年都在全球訪問 28 個國家和超過 3.3 萬受訪者，內容關於對政府、傳媒、NGO 和企業的信任度。2021 年 1 月中剛剛發布最新報告，在此跟大家分享其中幾項：

（1）　大部分受訪者相信政治領袖（57%）、企業領袖（56%）和記者（59%）都會刻意地說出他們明知是失實的東西去誤導公眾。

（2） 新冠肺炎全球肆虐，引發了「信息傳染病」
（infodemic，乃 information 與 epidemic 的合
體，即資訊＋疫情），假信息在全球傳播下，
公眾對傳統媒體（53%）和社交媒體（35%）
的信任度跌至新低。

（3） 去年疫情期間，企業（61%）在全球公眾心目
中，成為最值得和唯一信任的組織，公眾亦
認為企業的解決問題能力是政府的雙倍；而
排行第二位的是 NGO（57%），第三位是政府
（53%），最尾的是傳媒（51%）。

（4） 三分二的公眾期望企業領袖能介入政府無能力
解決的社會問題，例如疫情帶來的社會後遺症
和就業問題等。

　　單看報告這四項發現，就可以知道全球潛伏了很
大的信心危機；以前曾是信譽度和專業度最高的傳媒，
現在跌到包尾；而企業和商界領袖，竟然變成大部分人

覺得可打救社會的唯一希望。那究竟是商界做得特別好,抑或只是大部分政府已令人不存寄望?無論企業、NGO、政府或傳媒,面對公眾信心暴跌的危機:Ask not what the people have done for you but what you have done for them.

# 疫情令品牌更貼地

做人不可離地，即使經營品牌，也得與社會脈搏息息相關，不能脫節。一場新冠肺炎，對廣告、公關、營銷界帶來新衝擊，起碼提高了品牌對社會的敏感度。有品牌是經歷過教訓才學精，例如：

（1）　英國肯德基KFC在新冠肺炎爆發期間，仍沿用它們一直以來的「it's finger lickin' good」（好味到吮指回味）標語，並在廣告播出老中青男女滋味吮手指的鏡頭，結果被公眾狠批在疫情期間鼓勵不衛生的舉動。

（2）　美國的低成本航空公司 Spirit Airlines 在疫情爆發之後，仍以「Off You Go!」繼續宣傳公司的廉價機票，即鼓勵人們周圍飛，被人批評敏感度不足。

（3）啤酒品牌 Corona 在疫情爆發頭 3 星期，仍在其網頁採用人們一群群地在沙灘上喝著啤酒言談甚歡的照片做背景，被批離地。

這些品牌都在被批評後馬上停止沿用不合社會情況的宣傳。相信他們從此會對社會脈搏更加留意。

品牌該如何緊貼社會脈搏

在這段漫長的疫情期間，亦有品牌是在拿捏適宜度上做得漂亮的。

廣告時段年年都爭崩頭的 Super Bowl 球賽，今年極之罕有地失去幾個大客——Coca Cola、Audi 和 Pepsi 都是首次決定不在該球賽買廣告時間。這個商業決定是可理解的，Super Bowl 球賽的廣告時段是美國全年最貴，當時疫情肆虐，全球消費意欲和能力驟降，若投放那麼龐大的廣告支出，回報肯定不會成正比。

　　在芸芸品牌中，我尤其欣賞 Budweiser（百威啤酒）的做法。此品牌於今年宣布 37 年來首次停止在 Super Bowl 球賽下廣告的決定時，一併宣布他們會將原本的部分廣告開支（一百萬美元）捐出來作 COVID 疫苗的教育廣告，此舉是有鑑於美國仍有部分人對打疫苗的意欲甚低。之後又推出一個 campaign，請已接種疫苗的市民飲啤酒：「Your first round's on us if you've been vaccinated.」（若你已打針，你的第一巡酒由我付鈔。）市民只要上載接種疫苗的證明，就可獲價值 5 美元的虛擬消費卡去買啤酒。這是一個很好的 CSR（corporate social responsibility，企業社會責任）例子，正好顯示品牌該如何緊貼社會脈搏。

　　美國市場調查公司 The Harris Poll 及廣告週刊 Adweek 做了個調查，詢問受訪者：「你認為商業品牌應該積極參與鼓勵市民接種疫苗嗎？」結果如下：1,100 名受訪者當中，六成認為商業品牌有義務鼓勵市民接種疫苗；六成人表示，他們會傾向光顧那些曾出奇招鼓勵市

民接種疫苗的品牌；七成受訪者贊成商業品牌參與有關接種疫苗資訊的傳播工作。

其他做實事的例子

除了 Budweiser 之外，亦有不同品牌用不同方式鼓勵市民接種疫苗，這是貼地而適時的企業社會責任，例如：

（1）佛羅里達州某連鎖餐廳老闆，向旗下數千名員工宣布，若他們接種疫苗，每人將會獲 100 美元獎勵。

（2）冬甩連鎖店 Krispy Kreme 宣布，只要市民展示已接種疫苗的證明卡，便可於 2021 年餘下的日子，每日免費領取一個 Krispy Kreme 冬甩。雖然冬甩不是健康食品，但在這疫情霧靄下，品牌能如此作出全年承諾，確實在社交媒體揚起一陣開心掌聲。

品牌與其做一些唔關事、可做可唔做，又或只給高層出來拍拍照的 CSR 公關 show，倒不如做點實事，

做一些可回應社會當下真正急切需要的社會責任項目。

Budweiser 今回貼地而有帶頭作用，值得一讚。

The Dumbest Way to Sell

要向人 sell 一件事，自己先不要嚤口嚤面，亦毋須紮晒馬，越是疲勞轟炸式地硬銷「你哋要咁咁咁」或「都唔明你哋點解唔咁咁咁」，越會有反效果。事實證明，很多失敗個案，皆因「獨沽一味」只識硬銷。

跟公眾溝通是什麼一回事

我經常比較不同城市的政府或公營機構如何向市民推銷，包括什麼廣告、說法、點子、社交媒體等，因為這反映推銷者是否跟得上時代步伐、是否知道跟公眾溝通是什麼一回事，亦或多或少反映機構裡頭的人是什麼人。舉兩個例子：

（1） 現在，馬鈴薯是全球極普及的食材，但 18 世紀前，馬鈴薯幾乎是無人問津的。當時，普魯士國王腓特烈二世（Frederick the Great）想

解決人民只依靠麵包為碳水化合物來源的主食
糧的潛在風險，因一旦麵包短缺，就會造成饑
荒和物價波動的社會危機。但問題是，當時農
民對種植馬鈴薯反應非常冷淡，因市場沒有需
求。大多數人認為，馬鈴薯連狗都不吃，人就
更加不會吃了。

腓特烈二世精通軍事、政治、文學和藝術，見
過世面，絕非「鄉土薯餅」，他深知高壓強迫
農民和人民只會物極必反，於是想出一個點
子：他叫人在皇宮領土開闢一塊馬鈴薯田，並
說明只有皇室成員才可享用這種皇家食材。人
民口耳相傳，蜂擁而至，所謂物以罕為貴，越
得不到，就越想得到。大帝暗地吩咐守在馬鈴
薯田的警衛，保護不需太認真，對人民夜間潛
入田地偷取馬鈴薯的行為「隻眼開隻眼閉」便
可。結果很快地，人民由心地渴求它，因為有
誰不想吃到罕有的皇家食材？有需求自然有供
應，農民爭相種植，馬鈴薯就在民間遍地開

花，問題就此解決。

假如腓特烈二世當日薯頭薯腦，只懂威迫或威脅人民和農民一定要愛死馬鈴薯，不能不愛，還要天天愛，不愛就要罰，那結果必然是大相逕庭——問題解決不了之餘，還親手製造民怨，即是把本來只是一個很簡單的小問題，發大變成兩個大問題。「有腦」和「薯腦」處理事情手法的分別，就在於此。

（2） 要人聽得入耳，有時帶點幽默的 soft sell，反而更有效。澳洲墨爾本都會列車（MTM）想向公眾推廣鐵路安全意識，若再沿用那些停留在 20 年前的「鐵路零意外，澳洲人人愛」又或「乘客安全要注意，平時緊記小貼士」等過時手法，公眾不打個冷震笑出聲已算畀面。

MTM 這趟用上非常幽默，亦帶點逆向思維的手法，推出了一個名為「Dumb Ways to Die」

（好戇居嘅死法）的網上公益廣告，以得意動畫和悅耳音樂，用歌詞列出種種「咁戇居就咁死咗就真係笨」的方法，例如：走埋去野外灰熊度戳佢一下；傻吞過了期的藥；把響尾蛇拿來當寵物養；將自己兩個腎放在互聯網兜售；雙腳放在月台邊緣；嫌火車行得太慢，直接超速闖越平交道；隨便穿越月台中間的軌道等。又鬼馬又有提醒作用，甫推出即被瘋傳，兩週內吸引了最少 700 個媒體報道，帶來 5 千萬美元媒體價值，在 iTunes 登上頭 10 位，直至現在，「Dumb Ways to Die」已累積至 2.1 億瀏覽紀錄。據 MTM 的數據分析，這個 campaign 令鐵路意外事件減少了三成以上。

人是何時最容易接收信息的呢？是當我們能笑住睇、笑住聽的時候。懂得用幽默手法去 sell，聰明又有效。

Features 和 Benefits 之別

還有，sell 人要先識打動人。我們正面對一個 impatient market（沒耐性的市場），sell 人或物，先要分清 features（特徵）和 benefits（能提供某種益處或能滿足對方某種需求）。單講特徵沒有意義，例如有些護膚品強調自家含有獨特配方，那只是特徵而已，卻沒說明此方對皮膚有何獨特功效，那就不能在千百種護膚品當中脫穎而出，令消費者刮目相看了。

我經常提醒年輕人，寫履歷表也要懂得活用 features 和 benefits 這組概念。且看以下履歷表如何陳述：「10 年傳媒工作經驗」，那只是一個特徵的形容，沒有什麼意義或資訊，究竟「10 年傳媒工作經驗」建立了什麼，能令面試官覺得對其公司會有益處或貢獻？那才是關鍵所在。要從對方立場去想，必須講出「10 年傳媒工作經驗」所導引的具體益處，例如擁有很好的傳媒人脈圈或熟悉數碼媒體操作等，那才是會令面試官刮目相看的東西。

　　見過台灣某人像攝影課程在社交媒體這樣寫：「兩小時快速學會，立即被女友讚」、「不再被女孩罵，讀懂女孩心思，拍出讓女朋友開心的照片」，此文案很好，因網絡上攝影課程眾多，很多宣傳內容都只集中描述課程會教授的專業攝影技巧（features），往往刻板而沉悶，但此文案對技術隻字不提，精闢地帶出學完課程後的好處（benefits）——「立即被女友讚」，一句到位。

　　又，呈現益處時，最高境界是給人有希望或想像空間。早年在網上瘋傳一幀照片：賣橙婆婆在紙皮寫上「甜過初戀」，簡簡單單四個字，一針見血地戳中顧客的要求（當然是想買到甜橙），還帶給人無限想像（甜過初戀喎！誰會抗拒？！），令廣告界文案人一看即大喊：「汗顏！」

　　只有不太聰明的人，才會以為裝起副老正樣、植入式硬 sell 仲會有人聽，那是 the dumbest way to sell, stupid!

公眾不是傻，不會只看一個人說什麼，
更會看此人說話時的微表情。

誰人去 sell？

Intel（英特爾）2021 年 3 月中推出新廣告，擺明踩蘋果 Mac M1 撐 PC。

廣告請了男演員 Justin Long 在鏡頭前比較 Mac M1 和搭載了 Intel 最新處理器的 PC。Justin Long 就是 15 年前替蘋果賣廣告，在品牌最著名的一系列「Get a Mac」廣告裡飾演「Mac 電腦」，然後諷刺用 PC 的人死板和落伍。

15 年後的今天，Justin Long 再度現身，卻「叛逃」到 Intel PC 陣營。Intel 的新廣告分為 5 條影片。在廣告中，Justin Long 大讚 PC，然後諷刺 Mac M1 五大「不行」：不能玩遊戲、沒有觸控熒幕、無法外接多熒幕、沒有二合一變形方式和顏色單調（平心而論，又不見得 PC 很色彩繽紛）。

找誰去 sell 十分重要

Intel 用了蘋果廣告舊將去打蘋果撐 PC，似乎效果一般，影片負評多過 like。首先是 Justin Long 和蘋果在人們腦海中的連繫太根深柢固，就如曾江即使替另一染髮品牌賣廣告，但我們見其人還是會即時想起「美源髮采」。加上 Justin Long 當年飾演「Mac 電腦」，現在倒戈勁彈 Mac 機，令人感覺背叛，而我們通常對這類隨時掉轉槍頭者的信任度頗為存疑。換句說，Intel 用上 Justin Long 賣廣告，叫人「Get real go PC」，或可於瞬間帶起話題，但因其「Mac guy」形象太深入民心，突然跑出來反諷新 Mac 機，反而令人感覺突兀。廣告面世首天，即使有花生友帶出話題，但要達到說服人之效，被視為先後吃兩家茶禮的 Justin Long，其實是最沒有說服力的選角，屬最敗筆的揀錯人之作。

這敗筆故事想帶出的，是誰人來 sell 十分重要。找誰去 sell，基本上已為整件事情定下高度。Foodpanda 於

2021 年 5 月找來黃子華替他們拍廣告，那是黃子華自最
後棟篤笑《金盆哝口》之後第一次亮相，由他口中説出
「搵吓搵食以外嘅人生」，令人分外受落，故廣告一出，
在社交平台上好評如潮。坦白説，文案不錯，但又未去
到驚艷地步，若非黃子華是主角，應不會有如此口碑。
所以説，找什麼人去 sell，是決定一件事成敗之關鍵。

疫苗猶豫

現時，世界各國政府都努力不懈地絞盡腦汁，籌謀
如何增加市民的接種率。早在 2019 年，世衛已列出「10
項威脅全球健康」的因素，vaccine hesitancy（疫苗
猶豫）是其中一項。當時，世衛留意到麻疹病例增加三
成，但仍有很多人拒絕接種疫苗；疫苗專家認為原因有
三：(1) 自以為不會受感染；(2)（某些地方）接種疫苗
不方便；(3) 對疫苗沒有信心。第三點涉及客觀數據和
如何把信息傳遞的問題。對歷史悠久、甚多長期研究報
告已證明很安全的麻疹疫苗尚且猶豫，那麼有人對現時

新冠疫苗出現沒信心和猶豫，是可理解的。

靠嚇、用懲罰或用不受歡迎的嘴臉走出來硬銷，只會弄巧反拙。游說市民打疫苗也是一種 marketing，是向公眾營銷一個 idea（去打疫苗這個概念）。這陣子，也是研究出現在不同城市的營銷手法之良機。

英國政府國民保健署（National Health Service, NHS）知道要解決信心問題，就要將打疫苗的安全和風險數據向公眾傳達。但找誰來溝通呢？當局明白要找「famous faces who are known and loved」（公眾認識而愛戴的面孔），故早已 ban 了找政治人物游說公眾的提議（醒目！）。

直至目前，英國名人如歌星 Elton John、資深演員 Michael Caine、女演員 Elizabeth Hurley、喜劇演員 Lenny Henry 及 David Walliams 已帶頭呼籲英國市民接種疫苗。效果看來不錯，英國目前已逾 3 千萬民眾接種了第一劑疫苗，佔近三分之二的成人人口。

反面人物只會倒米

　　找對的人去影響公眾，是游說關鍵，焦點不是一定要找明星，找個會被人噓的明星只有倒米。關鍵是找受人喜愛、在公眾心目中有分量的人。1956 年，美國接種小兒麻痺症疫苗人數突然倍增，市民紛紛踴躍打疫苗，為什麼？因為當年貓王 Elvis Presley 在全國廣播時段，於所有美國人面前示範接種。

　　再説一遍，找什麼人出來 sell，很重要。找到對的人，事半功倍。反之，找個公眾早就覺得篤眼篤鼻、㞗口㞗面或只懂冷笑的人出來，叫你咁咁咁，會有人想聽乎？只會壞大事！

113

Sell 打疫苗

　　向公眾推銷一個概念或做法，方法很多，但不是個個行得通，因當中牽涉很多變數：如推銷的東西是什麼？那東西有否令公眾存疑？推銷對象是誰？他們的關注點是什麼？推銷方法或手法如何？推銷的人又是否適合？有否公信力？有否親和力？抑或一站出來便令人倒胃？

美國麻疹疫苗的例子

　　2005 年，美國政府發現 14 個州裡有 102 宗麻疹個案，恐再爆疫，於是馬上呼籲市民要帶孩子接種疫苗。當時有公眾人物（即現時的 KOL）撐打疫苗，亦有具分量人士反對接種疫苗，那麼應該怎樣 sell ？

　　最失敗的推銷有幾個做法／指標：

（1） 推來推去公眾無甚反應，參與率仍奇低；那就
說明：

（2） 推銷方法錯了方向，如只用上嚴肅、說教式或
家長式口吻的 hard-sell preaching（硬銷宣教
式）方法，一味重複又重複地叫人「打疫苗！
打疫苗！打疫苗！」，卻忽略了兼用輕鬆、幽
默的 soft-sell 形式去做。若狂叫「打疫苗！」
奏效的話，一早應 work 咗，任憑再重複大嗌
N 次，之後都不會奏效；

（3） 用錯人，譬如用上一個最不受歡迎的人去
sell，公眾如何聽得入耳？那只有壞了大事或
幫倒忙。要 sell 到公眾，不受歡迎的人先要少
出現、少出聲，再針對各階層，找幾個得人喜
愛／歡心／有地位的人以身作則去示範。

若以上種種最失敗的推銷方法都犯晒的話，即說
明，有變陣的需要。

逆戰公關

以疾病為焦點

美國政府當年向市民 sell 打麻疹疫苗時，有高人在幕後指點：別浪費精力於那個「應該打／不應該打」的辯論，拗嚟拗氣，兼且只會令人更分化和對立（支持和不支持兩方）。正道是把焦點放在麻疹，而非疫苗，所以，當時的宣傳只用上一句：「The Measles are back」，將焦點放在麻疹，道出這個事實，人們自然會思考自己可以怎樣做，應該怎樣做，而且，把焦點放在麻疹，可令公眾認定麻疹才是他們共同的敵人，而非對疫苗抱持不同意見的人。

116

少出為妙

　　重要的事情要不厭其煩地講幾次。市民去打疫苗，這是一個什麼行為？

　　從心理學去講，這是一個（1）自發行為和（2）額外的行為，所以要有一個強大的 motivating factor（激發動機的因素）才能成事。

　　從市場學去看，需要創造一個 pull factor（行銷方法以「拉式」的策略來激起受眾的喜好需求）令市民去做。

　　從公關學角度切入，會思考有沒有一個 positive narrative（正面陳述）的 story-telling（說故事）方法令人想開心參與呢？

正面誘因永遠比懲罰有效

綜合幾個角度考慮，想提升打疫苗人數，只能用
positive reinforcement（正向獎勵／強化），萬萬不能用
social punishment（社會懲罰）的方式，若用不打疫苗就
將會被剝奪某些福利的方式去意圖提高接種率，那無論
倡議者如何辯說沒有懲罰的意圖，按照定義來說，已有
懲罰的效果。

很多心理學研究已證實，punishment 只有在意圖減
少某些 undesirable behaviors（不良行為）時才有用，但
現在的局面並非如此，需要的是增加一種行為（去打疫
苗）的機率。激發動機的正面誘因，永遠比懲罰有效。

負面元素少出現為妙

早前商界紛紛出盡法寶，為社會提供各種打疫苗
的誘因，接種率亦有提升之勢。在市民稍稍感受到打疫

苗也不是一件令人太抗拒的事情時，要捉緊這個正面的
public mood（公眾情緒），在這時候，切勿同時推出不打
疫苗將會被剝奪某些福利這類帶有懲罰意味的說法，即
使只是初期構思階段，也不宜此時此刻同步推出。難得
社會開始出現對打疫苗態度有一點點轉變之良好氣氛，
在這同時卻又馬上推出掃興提議，首先是令人立刻又
再反感起來，其次是一正（誘因）一負（懲罰）互相抵
消，效果馬上打個折扣，浪費了商界扭盡六壬之心機。
為件事好的話，負面和掃興元素，無論人物或說法，這
時少出現為妙。

要向人 sell 一件事，自己先不要皺口皺面，
亦毋須絮晒馬，越是疲勞轟炸式地硬銷，
越會有反效果。

千斤撥四兩

硬銷已過時,既無效果,也令人反感。但環視一些機構／品牌／人物宣傳,仍有人樂此不疲地進行硬銷(夾硬嚟銷)。若本身已是機構／品牌／人物的 die hard 粉絲(死忠),其實已不需再 hard sell,因他們已去到乜都相信／支持／興奮的地步。但對於非粉絲者來説,硬銷「我(牠)是最好的」,又或叫人「唔好／唔准／咪咁咁咁」,只會越發令人聽不入耳。

硬銷有效何需公關

越強迫,只會令人越抗拒。夾硬嚟是粗暴、粗糙和粗劣的,若硬銷有效,世間上何需再有廣告／公關／營銷的專業?每次兜口兜面向目標群眾講「你們一定要這樣／不可以這樣」不就是了?想改變人的行為,還有很多方法,而且比硬銷有效和簡單得多。

假設你是一所學校的校長，你很關心學生的健康，希望他們在學生飯堂用膳的時候，懂得選擇多點蔬菜，少點肉食／煎炸／薯條，以降低熱量的攝取，你會如何做呢？校內貼海報、校內電台廣播或派發單張說明蔬菜的益處？這些方法極其量只能提升學生對健康的認知，卻改變不了他們的行為。

四兩撥千斤與笨人做笨事

美國 Cornell University 的一個研究所得，不需花氣力向學生硬銷健康飲食，只需在學生飯堂內稍稍改變食物的擺設和陳列方式，就已能改變學生的行為，例如把椰菜放到眾多食物盤的最前方，選擇椰菜的學生人數提高了 10% 至 15%；把放蘋果和橙的不鏽鋼餐盤改為用一個精美的餐碗來盛載，銷售量急升兩倍；冰淇淋的雪櫃由透明門改成不透明門之後，選取量由原本的 30% 下降到 14%。

　　要改變人的觀感，有時根本不需長氣、譖氣或晦氣
地去夾硬嚟，更不用大費周章，有時巧妙地四兩撥千斤
就能達致成效。從公關角度來説，一件本可用四兩就可
搞掂之事，卻用上了千斤之力，令上上下下元氣大傷之
餘，還要得出個反效果來，那就是天下間最笨之人做最
笨之事。

第四章

學公關，先學做人

學公關，就是要先掌握好人其實是情感動物，重要是用對的方法令人由心地感動、信任和喜愛。與其對外搞那麼多花臣，不如先做好自己。

不論做人還是做公關，視野都要有闊度，心胸要大道，行為要有風度。若我們仍執迷於敵我分明、誰贏誰輸的鬥爭中，那我們全部最終都將會輸掉。

煩到嘔

要人愛你，首先（1）自己要有被人愛的元素；（2）不要疲勞轟炸人；（3）亦不要靠逼、吼、嚇去逼人愛。但仍有不少人千方百計、無所不用其極就是要你日日見到他、聽到他。

愛不是靠逼出來

這些人的腦袋大概不明何謂「煩」、「譖」、「膩」、「漏」、「滯」、「厭」。就算一個天下絕世美女，若天天一大早，人家剛剛起床就把頭靠過來來個 close-up、in-your-face 逼你望著她，最好加上讚嘆之聲，還要日日如是，真箇是美若天仙者，早晚也會令人感窒息和吃不消。古今中外，未見過一個成功個案，是日日在人前掩掩揚揚、煩不堪言、死逼爛逼底下，逼得人家一個愛出來的。人與人之間如是，面向公眾亦如是。

例如前一陣子一開 YouTube，就見到那位自稱可教人賺八位數字的男士的廣告影片自動彈出，有網民更稱一日被迫觀看其廣告 30 多次，不勝其煩。亦有美容院找來女藝員瘋狂在 YouTube 賣廣告，很多網民大罵「煩到嘔」。至於我，一開收音機或 YouTube 聽到某些聲音，包括「最近好多人問我⋯⋯」或「10 日減 10 磅」之類，就乾脆把它關掉。

這些例子只是冰山一角，逼人日日睇／聽的做法仍有人樂此不疲。但公眾不是傻，若公眾根本無興趣，甚至已有少少反感，則你有你煩爆，我有我熄機，從成效來說，到頭來都是得個桔。因為愛，從來不是靠全方位密集式轟炸你而得出來的。

越逼只會越反感

公關要明白這些道理：

（1） Publicity 不等於 popularity，即曝光率不等於受歡迎程度；

（2） 一味追求在人前不停要你看到我或聽到我，是落後了 30 年的低層次想法和做法；

（3） Familiarity breeds contempt，即日日在人前出現，弄得人家有「煩到嘔」、「乜又係你？」、「enough is enough（夠喇！）」之感，那就更惹人蔑視；

（4） 有些人類情感，例如愛、尊重、忠誠、喜歡、支持、信服等，不能靠夾硬手段逼出來；

（5） 強行夾硬嘅力度越大，人家反感的程度就會越大。

講重點，唔該！

　　向公眾說話之前，要清楚知道是次要表達什麼信息，講完就停。從傳播學角度去看，若沒能把信息有效地傳播，「雜音」（noise ──不一定是有聲噪音，但凡離題或節外生枝的信息在傳播學都稱之為 noise）處處，雜亂無章，觀眾看後沒有被感動／打動／觸動不特止，還引來反感，實乃低手之作。

　　環觀四周，很多信息都帶有雜音，例如：

• 公眾人物出來講話，無論什麼主題，也不忘重複又重複地講自己經常被人鬧、自己有多委屈；

• 有品牌推出即食麵產品，卻在廣告文案上「順帶」提及旗下的曲奇產品。

• 太多信息、太多焦點，即是沒有重點。

西餅廣告的心理機制

　　行銷學教授 Ryan Elder 和 Aradhna Krishna 曾經做過一個很有趣的研究。他們給參與者看兩張內容幾乎一樣的廣告照片——兩張照片裡各自都有一件高身的三角形西式切餅放在精緻的西式瓷碟上，而且明顯地有人已咬了幾口，唯一的分別是，在照片 A 裡，那隻用過的叉子放在瓷碟的左邊，另一張照片 B 則呈現用過的叉子放在碟的右旁。請大家猜猜，究竟照片 A（用過的叉放在碟的左旁）還是照片 B（叉放在右旁）能夠引發更高的購買慾？

　　答案是照片 B（叉子放在碟的右旁）可以提高足足 20% 的購買慾（對於右撇子參與者而言）！為什麼幾乎一式一樣的照片，只是叉子的擺放位置不同，就會有如此不同的效果？這就要說到人的心理機制了。享用西餅期間把叉子放在右邊是大部分人的習慣（因右撇子的人較多），而這個畫面也符合大部分人的認知。心理學家認為，人類的腦子較傾向接受和喜歡容易消化、不需太花

力氣去處理（process）的東西，這種情形稱為知覺流暢性（perceptual fluency）。

Perceptual fluency 這個概念亦可引申到廣告、公關和營銷（例如：要寫文案、新聞稿或演講辭），甚至是日常。文字要吸引人看、想引起人共鳴或想打動人，先不說內容質素如何，起碼不能用太多 jargon（行內術語），或把句子段落結構寫得太複雜，因為這樣一開始就犯了 perceptual fluency 大忌。若人家看或聽到皺晒眉頭，一副很辛苦的樣子（即表示他正在很努力地在腦內嘗試去進行 processing 的活動），有多大機會他會愉快地接收信息呢？

在商業和學術界都有不少人誤會了，以為用上一大堆 jargon 或學術詞彙，把話講到複雜無比就顯示到某種權威或專業。其實心水清的人會知道，一個人說話內容的深度或精彩度，跟用上多少專業術語和學術詞彙、有沒有引經據典可以毫無關連（甚至有時成反比）。這些人

除了令他人產生 perceptual nonfluency（知覺不暢通），
以及自己有一種自我良好的感覺之外，別無其他。

30 秒電梯理論

管理諮詢公司麥肯錫有個著名的訓練新人的方法：
The McKinsey's Elevator Test（麥肯錫 30 秒電梯理論）。
新人被委派向大客戶作匯報，難得有大展身手的表現良
機，當然好幾晚通宵達旦準備。就在當日萬事皆備，只
等客戶出現之際，大客戶 CEO 忽然現身說：「對不起，
我們有突發事件要處理，馬上就要去見律師，不能坐下
來細聽講解。你何不跟我一起乘坐升降機，向我闡述你
的策略？」乘坐升降機的時間就只有 30 秒，如何利用這
個瞬間，把大篇幅的講詞濃縮成 30 秒的精華去打動客
戶？這就是麥肯錫要新人學習的地方。

這是現實世界實況：（1）沒有人會坐定定給你用
不完的時間和耐性，等你把長話說完；（2）廢話少講，
說話要一針見血，做事要一步到位；（3）只有多廢話的

人，才會覺得與講廢話的同聲同氣。有否留意到真正高人所説的話，都不會刻意用上深奧的詞彙和結構的？因為真正有內容的東西和人，根本毋須靠把話講得複雜去製造高深和崇拜。

　　有一種軟實力，叫「收放自如」，即是一個題目，無論要你用 30 分鐘、一段文字，抑或濃縮到一行句子、只得 3 分鐘講解，俱能駕輕就熟、淋漓盡致，這就是收放自如的最高境界，而這種軟實力，公關絕對需要。

Lost in Translation？

社交網絡曾瘋傳一張相：一個美式摔角手想把「Winds of Pain」（痛苦風暴）翻譯成漢字刺在身上，但紋身師傅不是華人，結果在其背脊上下打直只刺了「痛風」二字！摔角手還甚有氣勢地擺出洛奇招牌姿勢拍照，跟背上「痛風」紋身相映成趣。孰真孰假也無妨，總之幾乎笑破全球華人肚皮。

品牌的翻譯迷失

此類因不熟當地文化而產生的 lost in translation（翻譯迷失），在品牌屢見不鮮，這也是很多伏位的地方，因為經常會鬧出 PR blunder（公關瘀事）。且看幾個經典例子：

（1） 百事廣告口號「Come alive with the Pepsi generation」（隨百事世代活躍起來），於打進

中國市場之初時，竟譯成「百事使你祖先從墳墓裡起死回生爬出來」。大吉利市咩！

（2） 豐田 Fiera 車款在波多黎各推出時，引起極大爭議，因「Fiera」被譯成「很醜的老女人」，得罪晒潛在女顧客，仲邊有運行？

（3） COORS 啤酒在美國沿用口號「Turn it loose」（自由解放），銷往西班牙時卻被譯成「你會腹瀉屙到七彩」。吓，仲敢飲？

（4） 肯德基廣告以「it's finger lickin' good」（好味到吮指回味）聞名，到中國內地時卻慘變「吃掉你的手指頭」！係咪驚嚇咗啲呢？

（5） 派克鋼筆進軍墨西哥時，用上「It won't leak in your pocket and embarrass you」（它不會在你口袋漏墨而令你尷尬）的廣告文案，卻所託非人被譯成「它不會在你口袋滲漏，令你

懷孕」。原來，翻譯員以為英文的 embarrass
和西班牙文的 embrazar 同義，但 embrazar 有
「使對方懷孕」之意。如此誤差，家計會都O
晒嘴！

（6） 現已倒閉的美國大陸航空 Braniff Airlines，於
1987 年推出「Fly in leather」廣告計劃，宣傳
他們的真皮座位。去到拉丁美洲市場時，西班
牙語譯成「fly en cuero」，但發音「en cuero」
聽在墨西哥人耳中，原來有「fly naked」（裸
飛）的意思。

（7） 加 州 牛 奶 委 員 會（California Milk Processor
Board）為了鼓勵美國人多飲牛奶，在 1993 年
啟動非常經典的「Got milk？」campaign，成
功掀起一陣「牛奶時尚」的旋風。但當這個
「Got milk？」廣告計劃開拓拉丁美洲市場，
有人把「Got milk？」翻譯成西班牙語時，竟
然變成問人家「你是否正在分泌乳汁？」（Are

you lactating？），真是尷尬到一個點！

（8）　1977 年，美國當時的總統卡特外訪波蘭，抵埗後在停機坪發表講話，他說：「I left the United States this morning」（我今早離開了美國），卻被波蘭即場翻譯員譯成「I left the United States, never to return」（我離開了美國，再也不會回去）；然後卡特說：「I have come to learn your opinions and understand your desires for the future」（我到來是為了認識你們的看法和了解你們對未來的意願），卻被當地翻譯員譯成「I desire the Poles carnally」（carnally 指肉體上；全句被譯成「我對波蘭人民的情感如此濃烈，想和他們發生性關係」）。真是大整蠱！那位在波蘭很資深的翻譯員，傻更更地替其國家搞了個天大的國際笑話，即使波蘭政府馬上換人，亦已令卡特無辜辜成了國際笑話的主角。

咪到羊城？

　　品牌打入另一個國家與文化，不能只信靠翻譯，必須謹慎審查。2018 年 6 月，米芝蓮首次在廣州推出飲食指南，本屬美事，鋪天蓋地的宣傳文案和設計頗精美，惟敗筆處為竟用上「米到羊城」作宣傳主題，廣州網民和傳媒即嬉笑批評：「係咪靠害？叫人『咪到』廣州？！」更有內地傳媒點名指斥米芝蓮中國公關不夠專業，犯下低層次錯誤。其實，要將「羊城」和「米芝蓮」結合宣傳，一句「羊城得米」豈不更好？！

若機構維持個爛「餡」不變，
只靠公關幫手執層皮，
此乃掟錢落海嘥錢嘥氣之舉。

掛住鬥，最終輸

疫情期間，英國的 Burger King 在 Twitter 發布了一個 tweet，頭條是這樣的：「Order From McDonald's」（用廣東話說法，即「幫襯麥當勞」）。再往下讀：「我們從沒想過會請你們這樣做。正如我們從沒想過，我們會鼓勵你們幫襯 KFC、Subway……一樣。但在此時此刻，成千上萬在餐廳工作的員工很需要你們的支持。因此，如果你想出一分力，請繼續享用美味的點餐外賣或速遞服務。叫一個 Whopper(Burger King 的招牌漢堡) 永遠是最好，但叫一個 Big Mac（McDonald's 的巨無霸）也並非太差的選擇（is also not such a bad thing）。」

Burger King 這下高招：

（1） 首先是頭條非常吸睛，令人好奇，明明是
　　　Burger King 出的 tweet，怎麼會大大隻字叫人

幫襯麥當勞呢？所以必吸引人繼續讀下去；

（2） Burger King 把焦點放在一個社會視野：飲食界
在疫情期間營運非常艱難，無數的飲食界同行
正面臨失業的威脅，Burger King 的呼籲，焦
點是救行業而非只救自己。這樣的一個視野，
有傳媒讚揚是一個 heartwarming（暖心）的姿
態，單單這個 tweet，就吸引了過百萬的 like
和過 26 萬的 retweet；

（3） Burger King 和 McDonald's 一向鬥到出面，今
次 Burger King 巧妙地擺埋對手上枱，更説自
家的 Whopper 當然永遠是最好，但對家的巨
無霸也不太差，這回可説是幽了對手麥記一
默。

Cooperation + Competition

英國 Burger King 的作品一向出色，今次更具啟發

性，在全球抗疫的奄悶期間，看到這個呼籲人幫襯一向鬥到你死我活的對手之信息，令人眼前一亮。

其 實 這 類 coopetition（cooperation+competition，中譯「競合」，概念由耶魯管理學院的 Barry Nalebuff 和哈佛商學院的 Adam Brandenburger 於 1990 年代中提出）久不久就出現在西方市場，皆因他們的 value-based branding（建基於價值的品牌營銷）已歷史悠久、根深柢固，都能因一種共同認同的普世價值而放下 competition 的對峙，以一種 cooperation 的姿態示人（至少肯如此呈現出來）。

再舉一例：

2020 年 5 月美國明尼蘇達州非裔男子弗洛依德遭白人警察壓頸致死，令美國人重新關注黑人權利，並發起 Black Lives Matter 運動（抗議針對黑人的暴力和系統性歧視的社會運動）。很多品牌在當地表明支持這個社會運動，帶頭的有：雪糕品牌 Ben & Jerry's，在其官方社交

平台表明力撐；Netflix 在 Twitter 寫道：默不作聲就是同謀；至於 Nike 的文案更是一絕，把經典標語 Just do it 改成「For once, don't do it」（指不要濫暴和種族歧視），更以鮮明的黑底白字來凸顯，效果有力。

當廣告界對 Nike 的文案稱讚叫好時，其勁敵 Adidas 竟把 Nike 的文案 retweet 在官方 Twitter 上，並加上：「當我們一起的話，就能向前行，就能帶來改變。」（Together is how we move forward. Together is how we make change.）Adidas 一記高招，展示了只要價值觀一致，即使是對頭人（Nike），也願意站在同一陣線。西方傳媒形容 Adidas 這個舉動為「historic（歷史性的）retweet（對家 Nike）on Twitter」。能夠力撐對手的這個漂亮姿態，可謂體現出 4.0 世代 coopetition 的精神，締造雙贏。

「競合」的終極精神，在於彼此自知是競爭對手，但也明白並非必然你死或我亡，更可以是競爭中求合作、合作中有競爭，一起實現共存共榮的境界。要做到

coopetition，視野要有闊度，心胸要大道，行為要有風度。那些滿腦只想鬥垮敵人的蚊型視野人，絕對沒能擁有智慧和氣度；但風度，又真的不是個個都有。

我們都是共同體

從品牌「競合」思考人生：面對一些比自身利益更大的議題和前提下，我們也願意放下你我敵對、我要贏你就要輸的思維嗎？退後看清一點，我們都是共同體，其實面對著同樣的陰霾、同樣的威脅；若去到此時此刻，我們仍樂此不疲地執迷於敵我分明、誰贏誰輸的鬥爭或批鬥當中，那我們全部最終都將會輸掉。

# 睬你都傻

　　被《時代雜誌》譽為「當代廣告大師」的奧美
（Ogilvy）集團副總監 Rory Sutherland 分享了該公司的一
個實驗。話說他們為一間慈善機構策劃風災救援的募捐
活動時，嘗試以不同形式募捐，構想了四種形式的募捐
信，各 10 萬封。人家不妨猜猜，究竟哪種形式獲得最多
和最少捐款響應？

（1）　信件由義工親手投遞；

（2）　信件告訴收件人，每捐 1 英鎊就能退稅 25 便
　　　　士；

（3）　用上紙質比較厚和優質的信封；

（4）　用了直式信封。

若單從理智或經濟學邏輯的角度出發，必定認為方法二（可獲退稅）是最受歡迎的，因為收件人能從捐款中獲得金錢回報，如此著數，照理應該最能吸引善長捐輸。但請看看數星期後，工作人員再造訪得出來的結果：方法二（可獲退稅）竟令捐款減少三成，而其餘三種方法反增加一成以上的捐款，尤其是方法三（優質信封），更令機構大幅接收了 100 英鎊以上的捐款。

金錢以外的價值

這是一個很有趣的結果，若用經濟學邏輯推理，是無法預測到這種結果的，因其背後的假設是：人生在世，都只以獲利最大值和損失最小值的思維運作，而那個「值」都是用經濟價值例如金錢作衡量。當然，一個社會有某些層面確實需要用經濟學邏輯去運作，但人是很有趣的生物，縱然經常以為自己要理性（這亦反映背後假設，認為理性才能做出最好選擇，其實不一定），大量心理學研究告訴我們，在很多人生軌跡和範疇上，情感有時扮演著超乎我們想像的重要角色。心理學也好、

公關學也好，就是在不斷探索人之所以為人的一些情感特性。以上實驗就是一例──人是會被看到的誠意（義工親投）或心思（優質信封）打動的。

人是情感動物

學公關，就是要先掌握好人其實是情感動物，人心肉造，用對的方法令人由心地感動、信任、喜愛、支持或擁護，根本不是夢。這亦解釋到為何有些情景，決策者只用利益或威迫的方式，成效卻強差人意，公眾睬你都傻。

三句話的功架

　　Netflix 的劇集《王冠》(*The Crown*)，全球不少觀眾追看；自哈里娶了美籍女演員梅根後，英國王室的 drama 也在現實世界中不停延續，兩夫婦接受了名嘴 Oprah Winfrey 的獨家訪問。訪問播出當天，全世界的傳媒和花生友皆睜大眼睛盯著前英國王室成員如何「爆大鑊」。未播映前，有人預測梅根將會向王室投下一枚核彈，當時看著國際傳媒七嘴八舌，暗忖未免太高估某人而又太低估某人吧？！

王室的公關災難？

　　訪問播出，旁觀者未曾置身其中，難以斷定梅根的委屈是客觀事實抑或主觀感受，但此舉是否如媒體所形容，將是「英國王室的另一公關災難」呢？我看，除了她聲稱有王室人員曾談論其子膚色問題而王室需嚴肅正

視外，其餘內容大多為個人興風作苦，連人家的一條毛也動不了。

無可否認，訪問確是富娛樂性，有幾點尤甚：（1）梅根表示曾想輕生。這只能說，這個要向全世界大聲宣布「我諗過去死」的言行，比較罕有；（2）梅根重提跟哈里舉行婚禮前幾天，因為花童裙子事件與劍橋公爵夫人凱特發生分歧時，傳媒報道是她惹哭凱特，她在訪問中卻說，事實是剛好相反，是凱特把她惹哭了，惟轉頭又強調，她並不是要貶低凱特，只是希望改正錯誤的報道。阿邊個搞喊邊個的芝麻綠豆事，幾年後還要重提，實則阿邊個會在乎？！（3）梅根一邊訴說自己如何在王室痛失自由，談到初見女王發現自己原來要行屈膝禮而感震驚的同時，又一邊訴說兒子不獲王子銜頭而感到不開心云云，邏輯前後矛盾，令人不禁想問：「你究竟想點？要自由定係要銜頭？抑或想有自由但又要有銜頭？」

架，瞬間把那些像小孩般揀地吵鬧的舉止比到地球另一邊去。見慣風浪、千年道行的英女王，又怎會因為區區兩個孩子的彆扭，而陪你做場國際小丑 show，丟人現眼？

梅根的爆料，似乎沒有為王室家族帶來預期的核彈式重傷，反而她的言行卻自招批評。英國名嘴 Piers Morgan 以「spectacularly self-serving」（誇張、矚目、令人大開眼界的自我滿足行為）來形容梅根。

故事教訓是，傷害人的意圖越大，反彈到己身那股力度產生的傷害同樣越大。想起台灣作家阿飛的著作《只要好好過日子》裡的一段文字：「把別人弄臭，自己並不會變得比較香，因為你肯定也會沾到臭。」

合宜的收口

　　公關分析和處理事件，要先看看情勢是否需要作出反應和回應。有些事，例如關乎公眾利益，當然要迅速回應和行動，但有些事，例如被人開個玩笑，若動輒衝出來煞有介事去反擊，就是 over-react（反應過敏）。

　　無論機構、品牌或人物，一旦面對公眾，都必須明白總有人會拿自己來開下玩笑，食得鹹魚抵得渴，若每次小小事都出來板起面孔罵人立心不良或惡毒心腸，咁睇唔開，那只説明當事人原來是那麼在乎別人的一丁點評語，是那麼介意得要死。有什麼人會把人家每一句話都用足全力去反駁或反擊呢？正是恐遭譏笑者、自卑者、精神過敏者、神經質的人、井底之輩、有欠氣度者、自知沒太多支持者的人、全天候戰鬥派，以及不知相格為何物的人。大格局人物的思維，目光放在更遠大

的事，亦明白若人家區區一句話或一個動作就神經質地暴跳起來，其實有失身份。但，有些人就是不懂。

識得大體收下口

英語詞彙「decorous silence」中，decorous 這個字很好用，意指舉止文明的、高雅的、莊重的、自重的，例如「I hope she will now maintain a decorous silence」，意即希望她識得大體收下口。

公關處理情況時，有時要懂得 decorous silence，例如，2020年聖誕節，英國電視台第四台（Channel 4）用科技拿英女王開玩笑，「深度仿冒」（deepfake）影射約克公爵安德魯王子的私生活、哈里王子及其妻梅根脫離王室的新聞，以及惡搞女王拍 TikTok 跳舞挑戰。Deepfake 一出，大家都盯著英女王要看她點反應呢？

綿裡藏針卻不失體面

代表英女王的白金漢宮發言人，並沒有馬上出來罵人立心不良，待過了幾天，才不慍不火地公開表示：「一直以來，都有無數人仿冒女王，而這個並不是特別好的作品。」然後就不再作評論。這個 decorous silence 合宜兼大氣，若跳出來發難、還擊或嗤笑「哼，我不屑！」，就反而顯得小家相了。

經常跟對公關行業有興趣的朋友說：「你不一定要喜歡英國王室，但你一定要多留意他們的公關處事手法。」因為話不多，但永遠精準，有時綿裡藏針卻不失體面，而你會看得眼目舒服並且很放心，因為絕不會出現尖酸刻薄、藐嘴藐舌或師奶罵人的場面。

公關大龍鳳

　　凡事都可行，但並非俱有益處，例如公關大龍鳳。究竟如何鑑定公關大龍鳳呢？這是一個很值得討論的問題。

離地者樂此不疲大龍鳳

　　公關大龍鳳經常出現，甚至可能越來越多，皆因仍有些人樂此不疲去做，以為開個壇搞場大龍鳳就能達掩眼法之效。仍持此思維的阿哥阿姐，真的是以離地之心度大眾之腹。有時不禁想問愛搞大龍鳳者：你以為現在公眾的水平與閣下一樣乎？

　　大場面不一定是大龍鳳，但大龍鳳一定搞到大場面，因害怕別人看不到。但凡同時符合以下數點者，就是一場公關大龍鳳：

（1） 大龍鳳沒有解決到最核心的問題，成壇 show 只是 show 到做過點事情，而非真正做到什麼事；

（2） 大龍鳳 show，時做時停，即是只選擇性地做，大多應去做時不做，往往在不大需要的時候，卻跑出來做；

（3） 高層出現一會，拍完照即快閃，例如企業搞植樹日，數小時的活動，只見高層到拍照時刻才出現，拿著鋤頭擺個姿勢，前後 10 分鐘，拍完照後即鬼影都唔見；

（4） 事前沒有成功指標（outcome audit），然後做完就自 high 話成功。什麼是成功？牽涉目標是什麼？付出的資源／成本和回報的比例是什麼？即是，你搞嚟想點先？投放的資源與所得的結果是否不合比例？例如公關替品牌搞壇大

龍鳳，勞民傷財，但翌日只有一兩家媒體稍有
提及，公眾又毫無反應，那好不好意思跟客戶
或老闆說此乃非常成功之作，取得一家媒體報
道也是成績、成效顯著？

此時，心水清者會問：（1）付出的資源和所得效益
有多少？若嚴重不合比例，事前無把 outcome audit 仔
細想好，那事後則宜低調一點，側側膊就算；若高調自
high 話成功，請問誇啦啦在哪一處？（2）既然成功指標
定得那麼低，那即是說，用其他更低成本、更少勞民傷
財的方法，也很容易能達同樣（甚至更好）效益，為何
一班人想不出一個更佳的方法來？

反面教材笑死人

世界越來越奇怪，認真你未必輸，但一定會癲，在
這日日新鮮日日甘的世代，要百毒不侵，不妨抽離一點
察看千奇百怪的各種事件。有些人和事，用專業公關標
準認真看，要不嚇死，要不激死，但換個角度去看，其

實也可以是令人笑死和（戰當事人）尷尬死的非常好的反面教材，同時也頗具娛樂效果。看過這些反面教材才知要重溫一下最基本的公關原則，例如：

（1）　切忌把應該做好的分內事當作驚為天人之事公告天下。把做分內事大鑼大鼓 post 相當宣傳或呃 like，只會令人覺得原來水準僅此已當寶。把分內事當公關事，是突兀矯情肉麻當有趣；

（2）　公關顧名思義是面向公眾，即是當中有你的支持／愛戴者，亦有不支持不愛戴的，別只顧圍爐取暖。上乘公關，能把敵人變成同盟；反之，毫無公關智慧者，能令本應跟你站在同一陣線的同盟都想快快跟你割蓆；

（3）　既然要站在鏡頭面前，別擺出一副猶如全世界欠了你的怨婦／怨男式酸相，絕不能從面部表情或語氣中散發好委屈或深深不忿，或你們全

部人都唔識貨的嘴臉，因為你面向得鏡頭，就是代表背後的品牌、機構或地方，影響的不只是個人的榮辱，還有背後代表的一切。若因個人的心理缺陷擺出一副充滿怨氣的酸相，那就顯示你的心理質素擔當不起這個位置；

（4） Third party endorsement（第三方認證）很重要，但這第三方不能是「自己友」，自己友幫自己講說話，又或找自己友訪問自己，那不是第三方認證，而是人人都看得出的偽公關show，極其量只製造了自我陶醉或自欺欺人的效果，對真正局面毫無幫助；

「行銷短視症」

（5） 有些話不是自己說的，例如自己好厲害好強大、自己深受客戶／市民／老細支持。哈佛商業學院教授 Theodore Levitt 早在 1960 年便提出「Marketing Myopia」（行銷短視症）的

概念：太自我中心，聚焦在自詡誇啦啦之事
上，卻沒考慮若自覺出眾或創新之事並不跟公
眾對口，那只是個人患上自 high 的「行銷短
視症」。要自己開到口說如此令人看到會（戥
佢）尷尬的話，還有什麼公關可言呢？真正的
公關，是不用自己說出口，卻能做到人家有感
而發；

（6） 勿搞勞民傷財的大龍鳳，因為越虛的東西越要
聲勢浩大，公關大龍鳳暴露的，正是如此。

一個好的道歉可以令人順返條氣，
條氣一順，就是一個危機的轉機。

好好地道個歉
唔得嘅？！

2021年1月，內地卸妝濕紙巾品牌「全棉時代」發布廣告，隨即引起內地網民和傳媒狠批，造成一場關公災難。賣卸妝濕紙巾廣告，理應無太多伏位，若沿用傳統做法，找個女模特兒示範用完濕紙巾卸妝後，肌膚白滑乾淨，頂多是沒有創意罷了，但至少穩陣正常。究竟如何賣，會賣到爆出個公關災難來呢？

自製負面聯繫的廣告

廣告的故事是這樣：一名樣貌娟好的年輕女子晚間於街上行走時，後面有心懷不軌的色狼尾隨。當色狼靠近時，女子靈機一觸，馬上拿出卸妝濕紙巾趕快落妝，卸妝後的年輕女子，真面目變成一個男人，一回頭，馬上把色狼嚇到別過頭跑掉。

廣告一出，內地網民大罵侮辱女性，因為它暗示女

性化妝前後兩個樣，《中國婦女報》狠批「廣告美化（／淡化）（意圖非禮／甚至強姦的）犯罪者、醜化受害者，充滿了偏見、惡意和無知」、「侮辱女性」，並道：「被冒犯的廣大女性消費者會用腳投票」，呼籲女性抵制品牌。

此廣告屬低級品質，想搞笑而不好笑，還引來關公災難；最敗筆之處是，廣告自製負面聯繫──用了卸妝濕紙巾後，真面目醜得像個男人。這樣得罪女性，想有好下場都難。另外，任何廣告的目標，都是在目標群眾腦海中，產生正面聯想和希望，但看罷此廣告，把產品跟犯罪、醜到像男人、連色狼都掉頭走等負面畫面連結，還能令人產生想購買的意欲嗎？

道歉的學問

事件還未完結，由於內地負評太多，廣告最終下架；然而，之後的致歉文又徹底地燃點公憤，皆因整篇文章的篇幅只有兩成是表示歉意，其餘八成都在自誇公司的產品、專利技術、公益活動、直銷店數目等，遭內

地網民再次大罵:「究竟是在道歉還是在營銷?」

　　道歉是一門學問,一個好的道歉可以令人順返條氣,條氣一順,就是一個危機的轉機,但環看近年很多案例,應道歉而賴死不道歉有之,道歉道到不痛不癢有之,道歉道到唔湯唔水亦有之,令人不禁要問,「Sorry, I/we misspoke」(對不起,我/我們之前說錯話了)真的那麼難啟齒嗎?

　　此外,但凡向公眾發放信息,都應緊記以下原則:One message at a time(一個信息只有一個主旨),若今次的主旨是道歉,就只專注於道歉,別一邊道歉一邊推銷自己,那只會造成信息混亂兼惹人反感。

豬隊友與豬隊長

　　2018 年「雙十一」在即，中國內地購物網站「京東商城」旗下的「京東美妝」寄給消費者的快遞紙箱上，竟寫上這樣的廣告文案：「不塗口紅的你，與男人有什麼分別？」若不知道這一句話會招來什麼惡果，很簡單，男士只需嘗試對著伴侶兜口兜面說（但後果自負）：「其實你唔搽唇膏嘅時候，同一個男人無異」，大家可以想像那位男士往後的日子將會如何。

冒犯女性的指責

　　說回「京東美妝」，此文案一出，惹來一大批內地網民和媒體指責，批評為性別歧視。從網民的評論中可見他們對此廣告文案的反感程度：「智商稍微大於零的人就不會寫出這樣腦殘的文案」、「這是對女性的歧視還是對男性的侮辱？」、「那真是又冒犯了女性又刻板」、「性

別與塗不塗口紅無關,每個人打扮的風格也不需要一個電商來指手畫腳」。當地媒體也形容是「蠢」和「公關災難」。瞬間,關於這宗新聞的閱讀人次達 7,896 萬。有內地男性 KOL 加入揶揄「京東美妝」,亦有人揚言杯葛,紛紛表態:「難道男的不可以塗口紅?」「難道男的塗個口紅就是女人了?」當中知名科普界男 KOL 史秀雄帶頭,在微博上載了自己塗了唇膏的照片,鬧爆京東傳遞性別刻板形象,並發起了「＃男人也能塗口紅」的表態行動,呼籲男士都上載塗了口紅的照片以反對性別偏見和定型,不少男士響應。

事件越弄越大,皆因負責單位欠缺了解社會背景及當地民眾對社會議題(如性別歧視)的關注的敏感度。欠缺這樣的公關智慧,就會犯下像這樣本來絕對可避免的低層次過錯。

一錯再錯

男女網民一同力斥，並發起抵制。時近雙十一，網民罷買會令公司損失慘重，「京東美妝」在微博上載道歉帖文，但網民不收貨，之後有兩件事情更令網民怒氣再升級：（1）有自稱京東員工的人士，用京東公司的標誌在微博上出面挺公司，責罵網民：「在很多場合特別是國外，女人不化妝是一種不禮貌的體現。人長得醜就罷了，對世界觀的認知都沒有！」「面試都需要精心打扮，更何況一些正式場合，沒見過世面的土鱉。」在公司水深火熱拆彈當中，員工的這種言行實在幫倒忙，若真有其人，乃豬一樣的隊友；（2）為了令那些收到印有「不塗口紅的你，與男人有什麼分別？」字句的快遞紙箱的女顧客（約 1,000 名）息怒，「京東美妝」宣布會寄給她們美妝產品作為補償。這補償行動本身的邏輯已有問題——網民當時針對的，就是對公司以「化妝才等於女性」這種性別偏見和定型表示反感，再用送出美妝產品意圖補償女顧客，即火上加油，兼且顯示公司還未能從錯誤中

學習。網民於是對京東之前涉及歧視女性和低俗營銷的手法再翻舊帳。

　　從公關角度看「京東美妝」危機處理，有三點可借鑑：(1)不熟悉社會步伐和議題，遲早闖禍；(2)對外處理危機之同時，也要對內提醒員工注意言行，請他們勿因一時意氣變成豬隊友；(3)任何補救行動都要對症下藥，人家才會順氣。反之，若人家針對的是性別偏見和定型的問題，但管理層想出的補救方法竟是更深化這個定型（再送美妝作補償），那就不要慨嘆員工是豬一樣的隊友了，或者應想想自己會不會是豬隊長呢？

風流定下流?

　　很多廣告界的朋友都喜歡看避孕套品牌杜蕾斯（Durex）的文案，因大多很貼地和帶幽默感。

　　去年馬來西亞疫情初爆時，杜蕾斯立刻推出廣告，把口罩照片與避孕套照片並排，文案寫上「要永遠保護自己和所愛的人」，一話兩用，很聰明。香港爆疫之初，有人提倡翻蒸口罩再用（後來給醫護專家否定），杜蕾斯幽默地在社交平台說:「翻蒸避孕套並不可取的，畢竟避孕套不能重用啊！」在緊張的社會情緒下，網民瞥見這個小幽默，也忍俊不禁給個 like。

最上乘的 sex appeal

　　而我最喜歡的，是此品牌於 2017 年在微博一口氣調戲 13 個品牌，相當精彩，例如:「親愛的箭牌香口糖:

感謝你。這麼多年,感謝你在我左邊,成為購買我的藉口。你的老朋友杜蕾斯。」令人會心微笑。又或 2018 年在「520」(普通話諧音「我愛你」)那天,杜蕾斯中國與紅牛做聯乘廣告:「我的能量,超乎你的想像。」點到即止,盡在不言中,有留白、有想像,乃最上乘的 sex appeal(情趣)。

杜蕾斯的微博文案,素有「百萬年薪文案」之稱,但近年杜蕾斯中國更換新團隊,文案相對失色,更在內地引發一場關公災難。2019 年 4 月 19 日,以「419」(即英文「for one night」的諧音,中譯「一夜情」)作背景,與內地品牌餓了麼、喜茶、淘票票在微博做聯乘廣告,但文案做得只有赤裸裸的粗俗和露骨。與淘票票聯乘的文案,這樣寫:「Hi,還記得第三次約會,我對你說願和我一起演愛情動作大片麼?」跟餓了麼則寫:「Hi,還記得第四次約會,我對你說我餓了嗎?」遭內地網民狠批「水平直線下降」、「低俗噁心下流」,還被上海監管部門罰款 81 萬元人民幣。

拿捏不準釀關公災難

在廣告界，sex appeal 永遠引人入勝，但近年很多品牌都拿捏不準，釀成關公災難，像內地茶包品牌茶顏悦色，好地地賣茶包，今年竟用上「官人我要」做文宣主題，茶包印上蝌蚪圖案，類似安全套的包裝，並寫上「嘴上説不要，身體很誠實」，結果因犯眾怒而兩度向公眾道歉。

如何做到風流而不下流，是大學問，品牌與人，都需要學。

小心女人議題

現在做廣告、公關、營銷等要特別有社會觸覺，有關女性的命題尤甚，因性別平權意識已在文明社會發展成熟，一些帶有歧視或物化意味的字眼，很容易令公眾反感。所以，廣告、公關、營銷要特別留意一些帶有會被視為歧視的潛在風險。

「躺贏」變慘敗

近年有不少女性用品的廣告都踩地雷，2021 年 2 月底，內地女性內衣品牌 Ubras 用上當地一個以脫口秀成名的演員李誕帶貨（即名人藉在社交媒體進行直播推介商品，以帶動產品銷量），在其個人社交平台為 Ubras 做推廣，從他口中說出了這樣的話：「我的職場救生衣，一個讓女性輕鬆躺贏職場的裝備。」此話一出，激怒了大量網民，李誕和品牌的社交網站迅速被留言洗版。

最致命的，是他那「輕鬆躺贏」一詞。它是網絡流行詞，即「躺著就贏了」，意謂縱使不作為也能贏的意思。再應用在一個女性用品的語境，更像在暗示女性不用努力，只需通過出賣色相就可上位。這下子引來不單是內地女性，就連男性也來抨擊用詞冒犯和歧視。當晚，Ubras 品牌已在官方微博上道歉，並第一時間把相關內容下架，李誕也於翌日下午就此事道歉，今次可謂「躺贏」變慘敗。

現世代是性別和種族敏感的年代，公關處理這些議題要格外留神，風險評估不能單靠自己去做，因為我們每個人都有局限和盲點，重要的東西最好在未出街前，找圍內幫手給予意見。例如：男性構思的點子，從男性角度看可能沒有什麼問題，但女性同事或會提供很不一樣的解讀，這個意見，可能會幫忙避免了一場公關災難也說不定。

性別平等意識不容忽視

性別議題是近年品牌經常踩地雷的伏位，要打醒十二分精神處理。再看兩個南韓和台灣的例子：

南韓是世界上出生率最低的國家，生育率低於「一」。面對這個問題，當地政府需要鼓勵市民多生育，但 2021 年 1 月首爾市政府旗下懷孕分娩資訊中心發布最新懷孕指南，建議孕婦陀著 BB 時，應做家務，因為這有助於減輕體重，還要「將懷孕前穿的衣服掛在容易看到的地方，如果你想暴飲暴食或不做運動，就看看這些衣服」。臨盆前，要確保家庭用品如廁紙、牙刷、肥皂充足，免令家人在生活上有所不便；還要準備好家人愛吃的小菜放進冰箱，好讓不做飯的丈夫方便食用。若預計要住院 3 到 7 天，就要在分娩前準備好丈夫和孩子們每日替換的內衣褲、襪子、襯衫、手帕、外衣等衣物，整理好後放在抽屜。生產後，「別太邋遢」，要極速瘦身，更要買一條髮帶，因為生產後將會有段時間不能洗頭髮，

為免「被丈夫看到蓬頭垢面的樣子」，要把頭髮紮起來。

指南一出，大量網友指責和抵制，南韓女性固然大罵，很多女性表示，多虧了這份指南，看完不但不想生小孩，連婚也不想結了；連南韓男性也罵道：「把男人看成不能自理的嬰兒般，是一種低能和恥辱！」首爾市政府處理是次危機只採取了兩個行動：（1）把指南下架；和（2）指出內容在發布之前未經徹底審查。這顯然不足以平息公憤，之後有人發起抵制行動，要求相關官員公開道歉，並受懲戒。事件亦跳出國際，CNN 指出南韓的性別平等意識還停留在 1950 年代。

話口未完，不久又到台灣爆一單：

「食令日曆」是一本向群眾募資出版的日曆，產品的文宣標語是：「在一年 365 個日常裡，和『食令』有關的一切都集結在這裡」；其賣點是用很精美可愛而具文青氣息的插畫，每天介紹一個食材，配上營養師設計每日時

令飲食和標示營養成分，2020 年首次出版時很受歡迎。但 2021 年出版的「食令日曆」卻出師不利，因當中的內容被人認為涉及嚴重的性別刻板印象，例如「要會看芽球菊苣的顏色，也要會看婆婆（家婆／奶奶）的臉色」、「在婆婆（家婆／奶奶）面前，要像個麻薯茄軟Ｑ一點」、「做了人妻，也要跟桶柑一樣水水的」、「別對老公動肝火，多吃點不上火的鴨肉」、「家庭工作再忙，也要像豇豆一樣，絕不讓自己乾癟」、「皺巴巴不只是主婦的禁忌」等，即明示女性，在現世代當人妻的標準是：首先在外表上皮膚要保持水嫩，不能皺皮，對住老公要絕對服從，對住家婆更要像白燕一樣。

　　我細看日曆，最大問題未必是句子本身，而是日曆一面倒只要求女性婚後如何如何，對男性卻欠缺同樣的提點。例如，別對老公動不動就動肝火，我看句子本身不無道理，是夫妻相處之道的一半（餘下部分得要有另一半同樣配合才行），但若一面倒地只要求一方（妻子）去做，那就是問題。若把句子改成「別對伴侶動肝火」，

就可避免性別刻板。當然，有一些觀念是本質上有問題，叫人要看家婆／老爺或外母／外父面色，放諸現世代男女，相信沒有多少人會接受。

日曆在台灣引發性別刻板印象而遭強烈批評，出版社雖然已經道歉，但只承諾把電子版日曆的文字做部分修正，至於買了實體版的消費者，則沒有回收或退款的安排。引發如此強烈的爭議，卻不立即作出退款的行動，是很短視的做法，消費者就當自己今年遇人不淑，但下年還會那麼笨繼續支持你嗎？

KOL 死因

現在有很多人都想做 KOL 或 YouTuber，皆因表面看確實是吸引——

(1) （好像）輕鬆拍下片、影張相、寫幾句就有錢收；

(2) 收入好，又不用準時朝九晚五上班；

(3) 有一大班粉絲跟隨者，素人出身亦可以享受明星光環，對很多人來說，這種虛榮難以抗拒。

當平日出席活動，很多時候聽到有人自我介紹説「我是 KOL」。這樣介紹自己，我總覺得有點詼諧，效果猶如有人跟你説「我是明星！」一樣。

信譽建基於懂篩選的經營智慧

　　近年觀察到，有些 KOL 做得太濫和太爛，擺明告訴人「只要你畀錢，我就同你賣」。其實這種格局的 KOL，先是把自己的檔次定得太低，那是吸引不到高檔次的廣告商的。公關人都深明，KOL 不是人靚身材正，或者很多粉絲跟隨者，就代表他／她是一個成功的 KOL。

　　為什麼有些 KOL 特別值錢？因為真正的 KOL 是可以影響別人的購買慾，而不是單單吸引很多 likes 或留言。若對提升購買慾毫無幫助，更多的 likes，或者更多的「你好靚啊！」留言，也屬枉然。進一步問：為什麼有些 KOL 有這種影響人購買慾的本事？因為他們有 credibility（可信性），即是，能建立「我推介得，必定是好東西」的信譽和信心。而這個 credibility，是建基於一種懂篩選、不濫接的經營智慧。

　　若一個 KOL（真有其人！）星期一説品牌 A 面霜好到加零一，到星期二卻説品牌 B 面霜無得輸，星期三又

盛讚品牌Ｃ面霜，濫到咁，他／她的形象就變成：（1）人家一看就知只是「收錢做嘢」的宣傳；（2）無靈魂無原則的人，其實在這世代越來越沒有可信性，所以這些 KOL 根本沒能力刺激人家的購買慾；（3）這類 KOL 對高檔次廣告商毫無吸引力。

聰明的 KOL 知道自己最值錢的地方，應是自己在粉絲、跟隨者和客戶心目中的 credibility，接了品牌 A，不會在短時間內接同類產品的品牌 B。其實這不單止提升粉絲、跟隨者有可信性的購買慾，甚至行內人也會欣賞，因為當 KOL 告訴品牌 B 已接了品牌 A 的宣傳工作時，人家反而覺得他／她有專業精神和道德，更想將來有合作機會。越濫接的 KOL，越死得快。死因是：目光短視，自己搞死自己。反之，有 credibility 的 KOL 在過去香港營商環境艱難的兩年，收入不減反升，因為廣告商更要善用資源，要一擊即中，當然只會找有質素的 KOL。

做 KOL 的，自己就是一個「品牌」，得來不易，要珍惜。人前人後兩個樣，又或對住不同人講不同話，還

要是南轅北轍的，這類人，無論在朋友圈、職場或品牌，都予人偽善的感覺。近年，公關界就有好多 brand hypocrisy（品牌偽善）的災難級個案出現，有些涉及 KOL 被人圖文並茂踢爆真面目後，一鋪清袋，KOL 生涯從此玩完。

看看以下例子。

食肉的素食 KOL

在社交平台擁逾百萬粉絲、反對食肉的素食 KOL Rawvana，被網民發現她在峇里島度假時，大大啖食魚食得不亦樂乎。她食肉的照片在社交平台被揚開後，大量追隨者立即割蓆取消追蹤。然後她拍片哭著解釋，是因為兩年前發現自己經期不正常，身體變差，醫生叫她要食肉，故基於 self-love（自愛），便開始重新食肉云云。

一個人食肉根本不是問題，即使是這位 KOL，若在兩年前大方公開因為身體狀況要遵從醫生指示重新食

肉,有可能會流失一部分熱心素食者,但大部分追隨者
是明白和講理的。這樣做,至少保住自己的 integrity(誠
信),因為在現今無秘密的世代,紙包不住火,遲早穿
崩。

素 食 KOL Rawvana 被 踢 爆 食 肉, 最 大 的 問 題 是
deception(欺騙)。公眾控訴的不是她食肉的行為,而是
她食了兩年肉卻一直扮素食者,還講到自己非常反對食
肉的這種「虛偽人格」。這種 brand hypocrisy 一旦被人踢
爆,不會有好結果,而這些被踢爆的 KOL,往往只能嘗
試解釋個別行為(例如基於 self-love 去食魚),但解釋不
了自己為何偽善(例如明明自己在食肉還扮素食達人,
在追隨者面前扮非常抗拒殺生和食肉)。

近年,中外 KOL 都有公關災難爆出,做得 KOL 就
必須自重,不能太兩面人。自己個品牌辛辛苦苦打造出
來,得來不易,現在天下間無秘密,若蠢到「好呃唔呃
呃網民」,輸盡人家信任的話,公關幫不了多少忙,因
為,都係嗰句:人品好,公關自然好;人品唔好,公關

都幫你唔到。

也有不少人打著 KOL 身份四出喪撳著數。

四出喪攞著數的 KOL

2018 年，英國 YouTuber Elle Darby 想跟情人在愛爾蘭都柏林的 Charleville Lodge Hotel 過情人節，於是老實不客氣地發電郵向酒店要求 4 天免費住宿，並説自己分別在 YouTube 擁有 9.5 萬訂閱，而 IG 也有逾 8 萬粉絲云云。殊不知，有性格的酒店老闆 Paul Stenson 毫不賣帳，在酒店的社交網站發文：「我們也有 18.6 萬個 FB 粉絲，縱然有這個人數，但天呀，我也絕不、絕不叫任何人免費給我任何東西⋯⋯我也會建議你日後像其他人一樣，自己假期自己付費，若有酒店認為你的推介有價值，他們或許會主動給你升級到套房也説不定。這樣做，至少會令你看來多點自重和少點尷尬。」他在下款簽名後還補加附註：「P.S.（關於你要免費住宿 4 天的要求）我的答案是：No。」

俗語有云:「面係人哋畀,架係自己丟嘅。」雖然 Paul Stenson 有點「寸嘴」,但像 Elle Darby 這種貪便宜的肉酸行徑,被人揚開確又與人無尤。

廣東話有個字叫「搵」,指用厚著面皮／死纏爛打的方式去攞著數。早前香港有小女星主動向生果店提出長期合作,叫對方每星期送水果給她,然後她會在其社交平台「post 多啲」。後來,她見人家沒反應,繼續追問,生果店負責人最終直接拒絕,她才肯停口。這種擺明車馬叫人長期免費供應生果,面皮要有幾厚才講得出呢?現在個個都能在自家社交媒體發放消息,身為公眾人物、KOL,或者什麼什麼達人,要知道私下向人索取著數之事,都會有被曝光的可能。

所以,KOL 要先把自己的品牌經營好,寧「精」莫濫,才能走更遠的路。

做好自己才講 CSR

每年 4 月 22 日是世界地球日，很多品牌都藉此機會展示自己如何致力環保。例如：

美國宜家傢俬（Ikea）找來員工和他們家中的小朋友拍了一系列影片，叫「Small Stories, Great Impact」（小故事，大影響）。這些小朋友和他們父母的對話，從太陽能、地熱能說到家中小點子，都很貼地和充滿童真，例如有小朋友跟母親在鏡頭前傾偈時，不忘篤父親背脊說：「他有一次開了水喉忘記關呀！那真浪費！」看得人會心微笑。

好宣傳推動參與和思考

我最欣賞的，是 Apple TV+ 在今年地球日推出名為 *The Year Earth Changed*（《地球轉變的一年》）的紀錄

片，把過去一年全球因新冠肺炎而飽受經濟、民生、健康危機的一面呈現出來之外，也帶觀眾用一個新角度看看沒有人類不斷干擾、破壞和污染的動物世界，如何重拾活潑的面貌和生機。鏡頭拍攝得很細緻，更能引發觀眾思考我們人類對地球和動物做的種種行為，到最終是否功大於過。

一些品牌在內地也湊熱鬧，例如星巴克為了鼓勵大家減少用紙杯，搞了個自帶杯子就能免費喝咖啡的活動，任何人只需於地球日當天早上 11 點到中午 12 點自攜杯子，就可免費獲贈咖啡一杯。有市民從家中搬出塑膠大桶、漱口盅、大茶煲作器皿，真是無所不用其極。幸好咖啡店事前也想好各種可能，一早已說明每人只能免費獲得 330 毫升咖啡，那些抬了辦公室飲水機的 12 公升水桶到現場的人，真算是白抬了。可口可樂也在當天於上海用了 10 萬個回收再生的鐵罐，製作了一個以環保做主題的戶外裝置藝術展覽。

單向陳述令人呵欠連連

在香港，有主題公園趁這個地球日宣傳自己的太陽能發電系統、廢木再生、環保義工隊等環保項目，焦點只放在告訴公眾自己企業有多環保。整個宣傳相對失色，看得人呵欠連連。當其他品牌的環保項目都用到各種創意點子推動公眾積極參與，而且內容含有叫人反思的教育意味之時，像主題公園那樣，單向地陳述自己公司有做過這樣那樣以表環保，只能令人看完水過鴨背。如此 sell 自己環保，落後人家好多年。

這也引申到另一問題：現時公眾是否像以前一樣，知你一年一度做些與環保有關的事，就覺得你盡了企業社會責任（corporate social responsibility, CSR），然後就對你刮目相看呢？今時今日還存有此想法的企業，永遠做不好 CSR。現時在公眾心目中，有社會責任的企業已超越環保那個層次，更關心的是：

- Fair trade and pricing policies

  （公平貿易和定價）

- Ethical and responsible supply chain

  （人道而負責任的供應鏈）

- Ethical and responsible advertising

  （人道而負責任的宣傳手法）

- Demonstrable commitment to society

  （對社會有實質貢獻的承諾）

- Provision of jobs

  （職位的提供）

- Treatment of employees

  （員工的待遇）

回歸本質和本性

　　由此可見，現時的 CSR 概念已非常不同，一切回歸到企業的本質和本性，即公眾希望看到的，是企業先在各方面做好自己，尤其是對待員工這一環，已成為非常重要的企業社會責任。所以，若有企業一味對外表現得又環保又慈善，對內卻刻薄員工，公眾根本不會加分，甚至認為是企業偽君子（corporate hypocrisy），與其對外搞那麼多花臣，不如做好自己先講！

最兩難的事

近年看到很多炒人炒得肉酸的舉動，但不是每家機構炒人都搞到一鑊泡的。

經營出租民宿的網站、以打造共享經濟發展為營運方針的美國公司 Airbnb，自 2020 年 3 月開始，生意受疫情影響而一落千丈，於是創辦人兼 CEO Brian Chesky 在 5 月要作出裁減 25% 員工的決定。那是一個不少的人數，處理不好的話，關公災難一觸即發。先不說他們如何處理，且看看結局如何：傳媒頭條是「Airbnb CEO 向商業世界示範如何解僱員工」。被炒的員工替公司發聲：「公司展現他們很在乎我們（被炒員工）的感受，直到最後。」「給我們很多支持和諮詢時間。」

究竟 Brian Chesky 做了什麼？

解僱員工的模範做法

以下是他的做法：

（1）　先發電郵承認公司現時需要裁員以削減開支；

（2）　強調這是一個非常艱難的決定，請被解僱的員
　　　　工明白絕不是他們有任何錯失，並感謝他們為
　　　　公司貢獻了他們的才華；

（3）　說明發放電郵之後的數小時內，部門主管可能
　　　　會召見一些員工，他希望這個不愉快的消息是
　　　　以單對單、面對面的對話形式向員工傳達；

（4）　被解僱的員工將會收到 14 個星期的底薪加按
　　　　年資支付的遣散費；

（5）　被解僱的員工被解僱後仍享有 12 個月的醫保
　　　　和 4 個月的心理健康保險；

（6） 被解僱的員工會獲分配 Airbnb 的股份；

（7） 被解僱的員工可以把公司分派給他們每人一部
的 Apple 電腦帶回家自用；

（8） 向被解僱的員工提供找工作服務及 4 個月的職
業過渡諮詢服務；

（9） 請留下來的員工讓被解僱的員工知道，他們對
公司的貢獻將永遠是公司故事的一部分；

（10）向留下來的員工詳細解釋日後的節流原則是為
了減少再裁員的可能，並請他們跟公司一起奮
鬥。

10 個舉動，令 Airbnb 被當地傳媒封為解僱員工的模
範做法。

炒人是管理層的大考

炒人／裁員是殘酷的，然而，在這迫不得已的情況下，可否用比較人性的手法處理呢？炒人也是管理層的大考，如何處理得順順利利，是管理層見真章的時刻。有時被炒的，根本不是能力問題，管理層若奉上頭之命，要炒些工作態度和能力都不錯的下屬，有點人性的，都會感到兩難和掙扎。況且公司今日可以這樣炒他人，他朝君體也可相同，有時風水輪流轉也說不定。將來自己求人時，跟曾被自己炒掉的前下屬在江湖相見，才後悔當日太絕已經遲了。

身為管理層，如何處理炒人是考睿智、考經驗、考功力的關口，積福或作孽，因人而異。

情景題：身為高層，上頭擲下裁員名單，當中不乏得力員工，彼此有感情有經歷，但上頭心意已決，你會點做？

　　真人真事：那位高層先跟上頭爭取多一個月時間，亦應允會親自操刀。然後他在這一個月內用盡自己人脈，向其他朋友力薦這些將被裁去的下屬。一個月後，當他召見每個人給他們大信封時，亦一併給他們遞上新工作的 offer。被炒的下屬離開公司後，仍對這位前上司心存感激，有些甚至有很好的發展。這位高層是我認識的某跨國集團亞太區主管。

　　炒人永遠是艱難任務，當中在所難免牽動員工情緒，所以管理層要有智慧地處理這種場合。要做到炒和被炒的，都溫馨地攬頭攬頸是無可能的事，但大原則是：（1）必須有合情合理的說法；（2）管理層至少要做到不激化員工情緒，我稱之為 contextual mood management（場景情緒之管理）。要達到這種效果，炒人者不能向員工口出辱言。被炒者覺得被炒理由不合情理，要求見管理層得個明白是人之常情的行徑，身為管理層，應擺出願意溝通的姿態，令事件得以順利處理好。

處理不善會引發關公災難

　　處理裁員的難題，要事前在說法上、程序上講得過去，因為公眾通常都對受害或弱方帶有抱不平的心態，處理稍有差池，容易牽起公眾情緒。管理層若炒人炒到醜態百出，把事態激化、對立、升溫，還為公司帶來關公災難，那即是說，管理層向眾人暴露了自己低 IQ、低 EQ 的管理質素和水平。誰夠功力，誰未夠班，一件事上足可表露無遺。香港很多機構裁員時的著眼點都只是放在確定自己沒有違反勞工法例，鮮有聽到較為人性化的案例。更差的是，有些管理層炒人炒到一鑊泡，為公司帶來關公災難，令眾人覺得，公司要炒的，怎麼不是這班人？

第五章

公關何價？

真正的公關，絕非不斷搞大龍鳳和飯局，
或是替公司向傳媒和公眾發放消息、幫客
戶安排飲飲食食、出下鱔稿那麼簡單。
公關行業是一種非常需要注意 fine details
的專業，這裡包括人與人之間的禮儀和尊
重，你如何做人，是你建立人脈的關鍵，
亦是公關的最大價值之一。

公關只執層皮？

　　Tesla 於 2020 年 10 月把全球公關部門解散，作最後
決定的，當然是 Elon Musk。這個舉動表達出兩個信息：
（1）公關工作在 Elon Musk 眼中，是可隨時被剷走或代
替的；（2）Elon Musk 大概以為他在其 twitter 上直接發
放公司消息便足夠，換句話說，他自詡為公司最棒的公
關，而他的曝光就是最好的公關效果。這說明他的理解
中公關只涉及一種很技術層次的「消息發放」工作而已。

須思考在這時代的獨特性

　　公關當然不止於替公司向傳媒和公眾發放消息，若
只限於此，那麼人工智能寫新聞稿確實會比由人來寫少
錯失。早幾年，某政府部門發新聞稿，public relations
（公共關係）的「public」寫成了「pubic」（恥骨），
這是令整個部門極為尷尬的人為錯失，人工智能大概不
會犯這類低層次技術錯誤。而當現在任何人／公司都可

以有自己的社交平台直接與公眾溝通時，以往那種靠公關發新聞稿給傳媒的做法，已不再是唯一接觸公眾的方法。的而且確，整個公關業界若不再思考公關在這時代的獨特性，就會像 Tesla 公關部一樣，遲早一夜間被淘汰。

因此，若今時今日公關再將「溝通」和「建立關係」這類空泛而其他工種都正在做（有哪個工種不需要溝通和建立關係？）的事情作為自己的專業定位，那就解釋到為何有人覺得公關是第一個可被即時剷走的部門。況且公關入行門檻低，甲乙丙幫人搞下飯局、寫下鱔稿就叫自己做公關，甚至開間「公關公司」就可自稱行內人。整個行業因門檻太低而良莠不齊，所以，公關這工種縱使出現了 100 年，卻到現在仍未在很多人和機構心目中建立出具獨特性的專業地位。

說回 Tesla 剷走整個公關部。正如上面所述，這反映了公關在 Elon Musk 心目中，或只涉及發放消息、回答傳媒查詢等技術層次的工作。那是對公關這工種很片面

的理解（公關人當然也要反省，何以今時今日仍有此誤解）。那麼「公關」的專業訓練，其實在哪些地方呢？

（1）　幫服務機構理解如何「面向公眾」。無論任何文化、地方、社會群眾、年齡層或階層，都有其思想、行為、生活模式等獨特性，要面向公眾，首先要懂得準確地閱讀不同受眾，所以公關必須具備 social listening（社會聆聽）和 social analytics（社會數據分析）的訓練。

（2）　幫服務機構作「形象和聲譽保護」。這涉及評估每個對外舉動（如宣傳廣告、CEO 發言）對機構名聲的潛在風險。若風險評估（risk assessment）和風險管理（risk management）做得好的話，可減低公關災難發生的機率。

（3）　幫服務機構在不同受眾建立社會認受性。要令人喜愛、支持、信服，不能單靠法律，法律的認受性只是最基本層次，要在公眾心目中建立

一個認可的「✓」，先決條件是先懂得閱讀公眾脈搏和氣場，不作討人厭行徑，才可由「不抗拒」慢慢建立一個「✓」，再在公眾群心目中贏得真正的「like」。

兩種極端誤解

以上三項皆需要專業訓練。真正的公關，絕非幫客戶安排飲飲食食、出下鱔稿。據我觀察，現時有些機構高層對公關有兩種極端誤解：一是像 Elon Musk 那樣，認為公關只是負責發放消息、回答傳媒查詢等技術層次的工作，屬可有可無，甚至自覺比公關部做得更好。二是有些機構高層，做完「衰嘢」後，覺得只需揼出百萬或千萬元公關費，就有專人可幫其執手尾或洗白（whitewash）。若機構維持個爛「餡」不變，只靠公關幫手執層皮，現世代可過到全世界這麼多雙精明眼嗎？你當公眾傻瓜乎？稍有常識者俱知，此乃揼錢落海嗮錢嗮氣之舉，唯一開心的，當然就是那間已把巨額公關費袋袋平安的公關公司。

低端公關人

　　香港公關人水平高低懸殊,低層次的,只停留在不斷搞大龍鳳和飯局,嘻嘻哈哈完就當「做完嘢」和「做到嘢」;反之,高層次的,(1)明白任何交情都要培養的,深度關係絕不是平日鬼影都冇隻,到需要人家時才忽然熱情;(2)深知 target audience segmentation(目標受眾細分)的重要,所以甚少搞那些一次過大堆頭活動。他們明白關係的「質」比「量」更重要,所以願意花心神了解每位專欄作家或傳媒人的脾性和風格,即使是參觀活動/飯局,也會特意安排少人數的小組形式進行,好讓自己和公關團隊能跟被邀嘉賓有深入交流的時間。

勿做神憎鬼厭公關人

　　經常寄語年輕公關人,要做出色公關人之前,先要

緊記勿做神憎鬼厭的公關人。什麼人最惹業界、記者生厭？是不斷瘋狂發信息／打電話給人、死纏難打、死 lur 難 lur 的人。有些還不分晝夜，凌晨有之、一大早有之。Send 完一次見你無反應（無反應其實即無興趣或無時間），繼續 send、繼續 call，call 到搵到你為止，然後劈頭就問你幾時出席活動，口吻恍如欠咗佢一樣。遇上此類煩不堪言的奪命追魂 call，我通常會反問：「咦，我有答應過你會出席嗎？」或者乾脆拒絕。

近年遇到不少奇怪公關人，一跟他們交手就不禁疑惑起來：點解佢會做（到）公關嘅？舉幾個近期例子：

（1）「利小姐，明天中午想邀請你出席飯局，請於下午 5 點前回覆。」而發出的邀請時間是下午 3 點。咦，莫非此公關當其他人都是「36 小時 on-call」，隨傳隨到？

（2）一間門市遍布香港和內地的上市公司的公關人員有一天找我：「利小姐，我們想邀請你跟公

司約 200 名中層管理人員講解新世代公關，時間約 1 小時，我們今次打算 free of charge 請你的。」看到此邀請，我禁不住由心地大笑了出來。第一，到 NGO、社企或到學校跟中學生分享，樂意免費，亦做不少，但幫公司（尤其是上市公司）做培訓或演講，則堅持收錢，皆因自問做培訓貨真價實，亦不獅子開大口，每次做完參與者必要求再來多一課，所以向公司／企業收錢，從來收得心安理得。第二，「我們打算 free of charge」此句出自邀請那方的口，未免實在太有喜感了！被邀請的那方尚未主動開口不收費，身為邀請人那方，已替人決定是次演講將會是「免費的」，這未免太小看講者演講的質素吧。老實說，若演講人不值錢到 free of charge，那索性不請也罷。

（3） 無名無姓，簡單招呼都無，用手機不斷喪 send 不同活動的資料。其實我真心不知對方用意，究竟是想我得個知字，還是想我出席

呢？無名無姓猶如神秘人，既無自我介紹，又無多説一句話，猶如一部傳遞信息機而已，教人豈有興趣出席？有一次收到無上款無下款信息，劈頭第一句就是：「本人代表××機構，見過你寫的書×××，現想你幫本機構做義工……」但見一個不知名電話，即肯定我唔識你，亦不確定你究竟識唔識我呢。義工我經常做，毋須他人命令式安排。這些連基本上款、稱呼、下款、早晨甚至「Hi」都無的人，心安理得當「詭異」垃圾信息處理。

（4）「利小姐，今年我哋送畀出席晚會嘉賓嘅紀念品升級咗，好靚㗎！咁你嚟唔嚟啫？」年輕公關在電話的另一端問。聽到這樣以「紀念品吸引力」做「賣點」的邀請，我在電話另一邊啼笑皆非。考慮出席一個場合或活動與否，主要是看時間和活動是否有意義；若是有意思而且值得支持的活動，只要時間許可，必定支持，根本不在乎有否「紀念品」。公關這樣一問，

講到人家個個皆貪其精美小禮物才出席似的，邀請成功率必定微乎其微。再説，若有專欄作家一聽到有「好靚紀念品」就兩眼發光流晒口水答「好呀好呀！」，你都驚啦係咪？

（5）「大堆頭」公關。一次過邀請一大班人，當中有 KOL、專欄作家、傳媒人等，最緊要的是不忘「全體開心大合照」時刻，證明公關已「做咗嘢」（不代表做到嘢）。曾出席過一些大型的公關飯局，公關人員要兼顧的事太多，幾近成場不見人，搞到被邀嘉賓個個要自己招呼自己，這樣的一個公關活動，究竟想得到什麼成效呢？搞開大龍鳳、大堆頭的公關人要開始細想這個問題。

學公關等於學做人

（6）功利公關。平時不見人，即使一年一次問候一下講聲聖誕快樂都不屑做，但一有事相求或一

有活動，即疲勞轟炸式唔理晨早或三更半夜咩時辰瘋狂 send WhatsApp 硬銷，send 完一次又一次，總之 send 到你有反應為止，擺明完全「單向」，故一在手機見到由其大名所發之信息，都知「唔慌好嘢」（但對方當然是自覺其活動是千載難逢之「好嘢」）。然而，每隔一陣子仍會收到對方一連串「死追你」（或「追死你」）信息，告知其機構又有咩「好嘢」活動嚟緊。有一次，對方事前已一堆「奪命追魂 app」（WhatsApp 的 app）極力推銷其機構將有活動如何如何。這些平時唔見影、突然需要你時卻「忽然熱情」的手法確實令人吃不消，故回覆不出席。奇就奇在有一天早晨，一打開手機，又見奪命追魂 app 事後 send 來當天活動情況和相片兼要求：「幫忙寫下吖！」吓？！仲嚟？！寫咩呀？！我人都冇到，又冇感受過當日內容與氣氛，有咩好寫？這種功利公關行為實在要不得，平時不屑同人聯絡與維

繫,每次擺明醒起人家時就是需要人家出手幫忙之時,功利到咁,那人家幫得你幾多次?看得我差點想回覆:「公關,唔係咁做;人,都唔係咁做嘅。」一個人從無付出過時間去跟對方聯絡,卻不停希望單方面從對方身上「索取」、攞盡著數,是做人奉旨和不懂尊重。都係嗰句,學公關等於學做人,待人好,公關自然好;待人唔好,公關都幫你唔到。

公關行業是一種非常需要注意 fine details 的專業,這裡包括人與人之間的禮儀和尊重,但有些公關人的行為,實在不敢恭維。

要做出色公關人之前，
先要緊記勿做神憎鬼厭的公關人。

擁有卡片不代表擁有人脈

　　經常提醒想投身公關行業的年輕人：剛入行，一切由零開始，什麼也沒有，正常不過；但若然已在行頭超過10年，仍未能建立丁點人脈，依然在你最緊急或需要時，不能拿起電話找到可以話到事或能做決策的人幫個忙，那就是失敗。這個時候，你應檢討一下，對上那10年自己究竟做過什麼？「儲」到過什麼？

他們認識你嗎？

　　你可能擁有一大堆卡片，但那並不代表你擁有人脈。你認識誰和誰，不值得鬆毛鬆翼，皆因在社會上有點江湖地位的人，一定見過很多人，亦有大把人話「認識」他們。但首先要問的是：他們認識你嗎？更重要的是，當你真正有需要時，能否直接致電對方請他幫手／出手？不可以的話，你的人脈指數仍然是零。

　　某上市國際品牌駐守美國總部的公關一姐跟我說：
「若要替公司安排傳媒獨家採訪，我會直接致電×××
（當地非常知名和資深的記者），問他有否興趣了解這樣
一個故事便是了。我跟他十載交情，一個電話直接溝通
便可以。基本上，對上 10 年，我未曾發過新聞稿作傳媒
邀請。」高層次的公關要辦到一件事，是不會靠新聞稿去
聯絡不相識的人的。一個沒能力建立人脈和交情的公關
人，即使年資有幾高，也可算是失敗的，皆因公關人最
值錢而最難被取代的價值，是你的人脈。其實不僅是公
關，一個人去到若干年資，又或在江湖行走相當年頭，
若儲到的只是一堆卡片，但到自己需要一個小幫忙或大
人情時，卻無處可求，那做人算不算失敗？

建立人脈才是關鍵

　　寄語年輕人：出來做事，不要只顧盡快上位，建
立人脈才是關鍵。因為去到某個層次，彼此能力其實
相若，真正決定一個人能否再上一層樓的，是你如何做
人。關於人脈，我的心得是：

（1） 需要時間建立，更要用真心經營；

（2） 不能帶著功利的心；

（3） 識於微時的交情最深厚；

（4） 要衷心地喜歡認識不同範疇的人；

（5） 必定是雙向，你有來，人家才有往，你肯為人
兩脇插刀，才有資格期望人家跟你赴湯蹈火。

公關不易做

不止一位五星級酒店公關朋友向我訴說過，其實做本地 staycation，上下同事都覺得非常辛苦，尤其是負責房務清潔工作的姐姐。原因不是入住人數多做得辛苦，而是每日總會遇到非常難服侍的香港本地客。

要攞到「凸」的 staycation

以下是我認識的五星級酒店公關朋友向我透露的某些本地客行為：

喪攞酒店浴室送客人的沐浴用品：原本放在浴室那兩套旅行裝沐浴用品還未夠，還打電話向房務工作人員一次過要多一打。當工作人員告訴他們，每通電話只能奉上兩套旅行裝沐浴用品時，請大家猜猜這客人在一次 24 小時的 staycation 內總共打了幾多次去房務部拿東西？總共是 43 次！用「喪」去形容不為過吧？！

　　喪揦著數：用投訴的方式去揦著數，但又沒有真正投訴的實質基礎。投訴理由包括要他們排隊、人太多、想吃的東西吃不到、housekeeping 太慢、沒有延遲退房的額外優惠，之後就要求酒店把房間升級、免費送豪華晚餐，甚至要求賠償比房價高四倍的金額；有些更加獅子開大口動不動就要 upgrade 總統套房。此類酒店喪（攞／揦）客的心態是：我畀得二三千蚊出嚟，攞到盡梗係唔夠，誓必要攞到「凸」方肯罷休。

　　聲大夾惡：當房客有實在過分的要求，工作人員好意解釋酒店有明文規矩、不能滿足他們的時候，房客馬上兇神惡煞咆哮：「你宜家係咪歧視我呀？！」據在酒店工作的友人們透露，在 staycation 這一年期間，他們最常聽到的，就是動不動就被質問：「係咪歧視我？！」令前線工作人員非常為難。

　　還未計那些在房間內猶如打過仗、玩過 wargame、食物垃圾周房和周牆都有的行為。而以上種種例子，不是罕例，亦不是偶然才發生，從事五星級酒店行業的朋

友會告訴你，這是他們的日常。

需要一眼關七的股東大會

　　每年企業一開股東大會，就是公關忙到癲之時，首先是事前要準備所有文字工作，派給股東的、派給傳媒的，全都寫完又改、改完又寫，周不時修改到要送去印的那一刻。但這部分其實是最輕鬆的一環。公關在股東大會的任務是：確保大會順順利利、漂漂亮亮地進行。這可不是簡單的工作，台上一分鐘，台下（公關要有）十年功，出色的公關，就是要做到股東大會無事發生，如常順利舉行。那其實不是外人看來那麼簡單的事。公關需要一眼關七。

　　例如，開大會前夕，有董事會成員爆出醜聞／緋聞，那傳媒必定一早在大會門口捕著，對股東大會、公司、當事人，甚至其他董事會成員也會造成不良效果，翌日報道亦可能會將焦點轉移到醜聞／緋聞上，那是最不理想的情況。公關的難處是不能講出口請那名醜聞／

緋聞纏身的董事會成員不出現,所以惟有盡所能安排那名成員在當日用其他通道進出,盡量避免出現他被傳媒包圍的畫面。可想而知,公關當日要身兼 bodyguard 護人,但又要不失大體免得失傳媒,實在不是一件容易之事。

股東大會還有其他奇景。

一般股東大會,都會準備中西式點心、禮品/紀念品等免費派給出席人士。有些買了公司股票的散戶,專門等股東大會就出動。他們對大會內容毫無興趣,只對大會的著數有興趣,行內稱他們為「股東黨」,會在場內食點心如食 buffet,喪食到飽一飽還希望可以打包其他的食品回家。

股東大會的禮品/紀念品一般都會在開完會後才派發,以感謝在場人士出席和參與,但「股東黨」擺明只是來食飽個肚同攞禮品,所以會在未開會前就死 lur 要先攞禮品,因為要離開趕「下一場」(即其他公司的股東大

會），不想錯過其他股東大會的著數。亦有不少是一個人到場，聲稱要幫其他未能出席的散戶股東朋友攞七八份禮品／紀念品，當被要求出示其他「朋友」的散戶股東證明時，會即時在場發爛渣，這又要公關處理。

　　做公關的好玩處之一，就是會很濃縮地看到一樣米養百樣人。公關見盡不太可愛的香港人，所以對那些有品的香港人會分外珍而重之。

凡事留住一口氣，才能燃亮一盞燈。
靈巧像蛇，不僅公關需要，
現世代的每一個人也需要。

靈巧像蛇

　　早前應一教會團體之邀,講解教會面向公眾和傳媒時要注意的問題。這世代,你不去找麻煩,麻煩亦會找上你,宗教團體也不例外,教會和公關如何平衡,在現世代的確值得探究。

　　演講完畢,在座參與者反應熱烈,雖然已經超時,但大家都不想離去。有人問:我們現在面對很多前所未有的挑戰,應具備什麼公關智慧?我答:要「靈巧像蛇」。

「靈巧像蛇」的智慧

　　面對現世代,無論本身相信什麼宗教,「靈巧像蛇」確實是很好的提醒。

　　小時候，我讀天主教學校，教《聖經》的老師在堂上教〈馬太福音〉:「所以，你們要靈巧像蛇。」我不期然問:「為什麼是蛇，而不是貓、狗、馬騮或檐蛇呢？」蛇的形象一開始在〈創世紀〉就好像不太好嘛，而且挪亞方舟所記載的動物那麼多，理應有很多選擇，為何最終都要揀蛇去給我們作「靈巧」的標準呢？這個問題，當然聽過標準答案，但那個答案好像不大能解答到我心裡的疑惑。

　　直至近年，終於明白這四字蘊含的智慧，更深信要講靈巧，非用「蛇」不可:皆因現世道，dark force（來自暗處的勢力）處處，我們應知世間各種蠱惑邪惡事（「知」蠱惑當然不等於要「行」，那是兩回事），你在明，人在暗，能知己知彼，才可保護自己。再者，蛇靈敏和靈活，巧如流水，條條路都可走，此路不通，走另一條即可，何須跟兇險當頭硬碰那樣傻？

留住一口氣，燃亮一盞燈

　　早陣子，有心朋友專誠在日本造了一把16枝骨架的長傘送給我，並語重心長地說：「送你一把傘，希望它在以後的日子，可替你遮風擋雨。」傘子很美，質料亦上乘，物不輕，情意更重。傘子也是很好的提醒，若外面太陽猛烈、雷雨交加或者狂風暴雨，毋須迎頭對抗，只需靈巧地撐起一把傘，調節一下步伐繼續前行便是。凡事留住一口氣，才能燃亮一盞燈。靈巧像蛇，不僅公關需要，現世代的每一個人也需要。

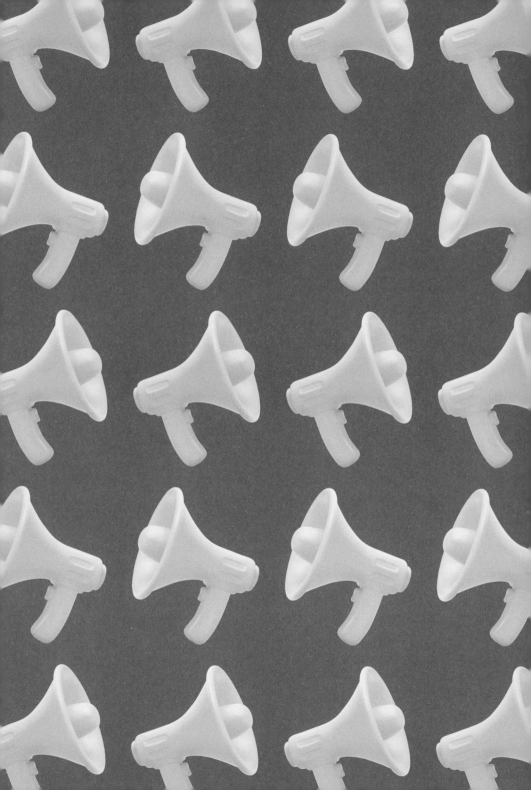

作者　　　利嘉敏

總編輯　　葉海旋

編輯　　　李小媚

助理編輯　周詠茵

書籍設計　Tsuiyip@TakeEverythingEasy Design Studio

封面圖片　Shutterstock

出版　　　花千樹出版有限公司

地址　　　九龍深水埗元州街 290-296 號 1104 室

電郵　　　info@arcadiapress.com.hk

網址　　　www.arcadiapress.com.hk

印刷　　　美雅印刷製本有限公司

初版　　　2021 年 7 月

ISBN　　　978-988-8484-91-1

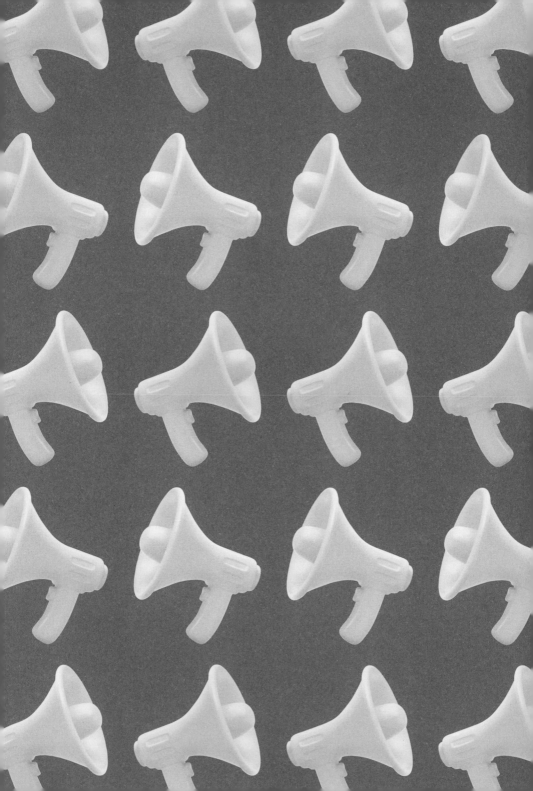